重庆工商大学出版基金资助

长江经济带城市群综合承载力、经济增长与可持续发展

田　园　著

中国财经出版传媒集团
中国财政经济出版社

图书在版编目（CIP）数据

长江经济带城市群综合承载力、经济增长与可持续发展／田园著．--北京：中国财政经济出版社，2021.7
ISBN 978－7－5223－0579－0

Ⅰ.①长…　Ⅱ.①田…　Ⅲ.①长江经济带－城市群－区域经济发展－研究　Ⅳ.①F299.275

中国版本图书馆 CIP 数据核字（2021）第 108001 号

责任编辑：彭　波　　　　责任印制：史大鹏
封面设计：卜建辰　　　　责任校对：张　凡

中国财政经济出版社 出版
URL：http：//www.cfeph.cn
E－mail：cfeph@cfeph.cn

社址：北京市海淀区阜成路甲 28 号　邮政编码：100142
营销中心电话：010－88191522
天猫网店：中国财政经济出版社旗舰店
网址：https：//zgczjjcbs.tmall.com
北京财经印刷厂印刷　各地新华书店经销
成品尺寸：170mm×240mm　16 开　10.75 印张　166 000 字
2021 年 7 月第 1 版　2021 年 7 月北京第 1 次印刷
定价：78.00 元
ISBN 978－7－5223－0579－0
（图书出现印装问题，本社负责调换，电话：010－88190548）
本社质量投诉电话：010－88190744
打击盗版举报热线：010－88191661　QQ：2242791300

前　　言

伴随着城市化的快速推进，一系列制约城市群可持续发展的问题也日益凸显。因此，在可持续发展视角下对城市群的发展问题展开研究对于合理推进城市群进程具有重要意义。城市群综合承载力是衡量城市群系统协调发展及可持续发展能力的重要指标，准确认识和评价城市群综合承载力，是优化提升城市群可持续发展能力的基础，有助于政策制定者在不降低长期可持续性的前提下确定当期城市群发展的最佳水平，对实现城市群的可持续发展具有重要的现实意义。

长江经济带城市群是世界范围内城市化发展速度较快，且非均衡发展的典型的带状型城市群，是实现中国经济和生态目标的战略发展的先导区域。它包含了中国的发达区域及发展中区域，是典型的流域性发展不平衡不协调区域，长江经济带各城市群的发展水平时空差异较为显著，推动长江经济带城市群可持续发展是关系中国发展全局的重大战略。同时，长江经济带城市群以“生态优先、绿色发展”为战略发展要求，因此，加强长江经济带城市群综合承载力的研究，探索如何在保护生态环境的基础上实现长江经济带城市群经济的高质量发展，对于实现长江经济带城市群的可持续发展具有重要的理论和现实意义。

长期以国内生产总值及其增速为主要目标的发展模式以及快速的城市化进程，使部分城市形成了粗放型发展模式，城市化过程中出现诸多与城市群综合承载力相关的城市群发展瓶颈问题，导致了社会经济和人与自然关系等方面出现严重的不协调，制约了城市群整体的可持续发展。因此，探究城市群可持续发展的动力系统即经济增长与城市群可持续发展的支撑系统即城市群综合承载力之间的双向关系及作用机制，有助于探索如何在城市群综合承载力的基础上实现城市群经济的高质量发展，以及探究城市群综合承载力的动态阈值，从而进一步深入研究提升城市群综合承载力、实现城市群可持续发展的问题。

（一）研究的主要内容

本书在可持续发展的视角下，首先，构建城市群综合承载力评价指标体系，科学评估长江经济带城市群综合承载力，以分析长江经济带城市群可持续发展的现实状况和特征，同时，进一步构建城市群状态型综合承载力评价指标体系，用以在不考虑城市发展负向影响因素的情况下，更加客观、直接地分析支撑城市群可持续发展的能力，为进一步研究类似长江经济带这类发展不平衡的城市群的可持续发展问题提供重要的参考；其次，通过分析长江经济带城市群综合承载力的空间分布情况和时间演变特征，为长江经济带城市群可持续发展的实现提供依据，同时为世界范围内其他城市群可持续发展的研究提供参考；再次，基于经济增长与城市群综合承载力之间的理论机理分析，实证探讨了长江经济带城市群经济增长与综合承载力之间的双向关系，以进一步探究长江经济带城市群综合承载力及城市群可持续发展的实现问题；最后，从提升长江经济带城市群综合承载力、实现城市群可持续发展的视角出发，分析评价长江经济带城市群发展的相关政策效应，为制定并实施优化提升城市群综合承载力、推进实现城市群可持续发展的公共政策提供依据，并提出了相应的提升长江经济带城市群综合承载力、实现可持续发展的优化政策实施路径。

（二）研究的主要结论

①长江经济带城市群综合承载力整体呈波动中下降态势，构成城市群综

合承载力系统的四大子系统对于城市群综合承载力的贡献度差异较大，城市群的可持续发展能力相对下降。长江经济带五大子城市群综合承载力空间梯度分异明显，说明长江经济带各子城市群发展的不平衡性在城市群整体的可持续发展中是不可忽视的重要因素之一。从动态视角来看，五大子城市群的综合承载力的空间聚类模式逐渐转变为离散模式，这一转变意味着城市群内部的许多城市在小范围内优先协调合作，而不是形成城市群的整体协调发展。

②若城市群综合承载力处于倒“U”形曲线的下降阶段，说明城市群的发展超出了其综合承载力的动态阈值范围，重构旨在增强城市群综合承载力的经济增长模式，是实现城市群可持续发展的重要路径之一。一方面，长江经济带城市群经济增长对城市群综合承载力的影响呈倒“U”形曲线特征；另一方面，长江经济带城市群综合承载力对经济增长的影响表现出“U”形曲线特征。同时，2014 年长江经济带城市群内的 84 座城市均处于倒“U”形曲线的下降阶段，说明该城市群的经济增长方式正日益削弱城市群综合承载力，增长方式亟待转型；而 2014 年约有 50 座城市处于“U”形曲线的上升阶段，可见长江经济带城市群综合承载力发展到一定阶段对经济增长起到了显著的支撑作用。因此，若长江经济带城市群继续维持这种削弱城市群综合承载力的增长方式，势必会反过来制约经济增长，进而不利于城市群的可持续发展。

③长江经济带战略实施当期，短时间内，政策的冲击对城市群综合承载力的提升有促进作用，但由于瞬时的政策冲击未能产生可持续性的影响，导致目前长江经济带发展战略尚未能够提升长江经济带城市群综合承载力。同时，长江经济带发展战略对五大子城市群综合承载力的影响为负，对长江经济带城市群一般行政等级城市的综合承载力的负向影响作用非常明显，而较为显著地提升了较高行政等级城市的综合承载力。

（三）研究的政策建议

①深入研判制约和影响城市群综合承载力系统的各项因素，结合自身特点优化城市群综合承载力的系统结构，通过各子系统的协调发展，提升系统

整体的承载能力，制订切实、可行、有针对性的城市群可持续发展政策。

②充分发挥城市群综合承载力和经济增长的空间外溢效应，建立与经济增长水平相协调的城市群发展模式，避免高速经济增长所带来的城市群综合承载力相对不足的城市群发展瓶颈问题，避免大规模空间扩张的城市化所造成的经济泡沫及资源过度消耗等问题，实现“生态优先、绿色发展”的可持续发展之路。

③中央政府应全面把握、统筹谋划，以区域协调机制为基础做出顶层设计，并依托长江经济带黄金水道，强化核心城市的可持续发展辐射带动能力，引导资本、产业向中小城市转移以挖掘中小城市的发展潜力，推动中小城市依靠其自身优势实现发展，使得长江经济带更好地融入“一带一路”的发展。

④深化长江经济带东、中、西部区域的合作，加强城市群内部各个城市间的合作，通过制度设计、市场化机制及利益补偿机制等路径设置削弱由于行政区划所导致的地区割据局面的影响，同时，在发展过程中，各地区应从整体出发，将自身发展放入协同发展的大局之中，实现城市群之间的错位发展、有机融合、协调发展，形成整体合力的发展模式。

⑤以长江经济带发展战略为基础，制订并协调各项专项规划，形成政策合力。同时，长江经济带城市群的可持续发展需以软环境建设为突破口，寻求高质量的发展模式。

作者

2021 年 5 月

目　　录

第一章
导　　论

第一节　研究背景与意义

一、研究背景

城市群是在地域上集中分布的若干特大型中心城市和部分卫星城市集聚而成的庞大的、多核心、多层次的城市集团（Zheng et al.，2009），是快速推进城市化的重要载体。与单一城市的封闭系统不同，城市群中的各座城市拥有开放的边界，使得城市之间的交流变得更容易和更频繁。当前，城市群的快速发展对中国区域经济增长和农业转移人口市民化有着十分重要的影响。党的十九大报告提出，我国的城市化发展要“以城市群为主体构建大中小城市和小城镇协调发展的城镇格局”。然而，伴随着城市群区域面积的不断扩张及人口的增多，区域间不平衡的经济增长和城市群协调发展的不可持续等问题随之出现。与此相伴产生了一系列制约城市群可持续发展的问题，如自然资源枯竭、环境污染加剧、生态系统退化和公共服务供应短缺等（Heikkila and Xu，2013）。因此，在城市化的发展进程中，应该更加重视在可持续发展①视角下开展城市群发展问题的相关研究。

城市综合承载力是指在一定的社会、经济及技术水平约束下，同时在一

① 联合国环境与发展委员会将可持续发展定义为：“既能够满足当代人的需要，同时又不对后代人满足其需要的能力造成危害的发展”（WCED，1987，p.8）。

定的环境、资源条件下，某一城市在发展中可利用的资源、生态环境、基础设施等要素对城市人口及经济社会活动等受载体所能承载的发展规模和强度的阈值，即资源环境、基础设施、要素市场、产业经济等对城市系统协调发展及可持续发展的支撑能力（Sarma et al.，2012；Wei et al.，2016；Tian and Sun，2018；刘惠敏，2011；石忆邵，2013；陈金英，2013；等）。一般来说，城市综合承载力是衡量城市系统协调发展能力以及可持续发展能力的重要评价指标（Carey，1993）。Daily and Ehrlich（1996）也强调了以承载力为基础是实现可持续发展的充要条件。城市综合承载力的内涵为识别城市发展的内在局限性和为准确评估可持续发展问题提供了理论依据（Sarma et al.，2012）。Liu and Borthwick（2011）研究认为对于准确评定一个城市的可持续发展能力，城市承载力的概念为具体的评估方法的运用和可以衡量的指标体系的构建提供了支持。城市综合承载力的评估结果有助于政策制定者在不降低长期可持续性的情况下确定城市发展的最佳水平（Wei et al.，2015）。

因此，建立一个可靠和科学的模型来评估城市群的城市综合承载力，进而分析城市群可持续发展能力是至关重要的。关于城市综合承载力的现有研究，多使用单一要素承载力指标对城市承载力进行评价，如土地承载力、水资源承载力和其他支撑城市发展的要素（Feng et al.，2007）。但是，对于一个开放的城市群系统来说，要素和资源的互补与流动会导致单因子对城市综合承载力的影响效应显著减弱，而城市之间的多因子综合协同效应则表现得更为重要（Oh et al.，2005；石忆邵等，2013）。因此，应该从支撑城市群发展的各项要素出发分析城市群的城市综合承载力的多因素综合协调的效应，而不是单一因素对其的影响。Egger（2006）指出，关于城市群可持续发展的研究应将每个城市视为单独的个体和一个集群的组成部分同时展开研究。因此，构建一个多视角、多层次的城市群综合承载力评估模型，有助于展开城市间合作对于城市群综合承载力的影响研究，对实现城市群的协调及可持续发展具有重要的现实意义。

在快速的城市化进程中，中国经济在长期以 GDP 及其增速为主要目标的引领下，部分城市形成了以高消耗高污染为基础的粗放型发展模式，不可避免表现出与城市综合承载力相关的中心区人口过密、自然资源短缺、环境污染加剧、基础设施滞后、公共服务供给不足等城市发展瓶颈问题（Arrow et al.，1995），导致了社会经济和人与自然关系等方面出现严重的不协调，制约了城市的可持续发展（Brock and Taylor，2010）。而现在，中国经济已由高速增长阶段转向高质量发展阶段，因此，面对这样一个局面，一个重要的研究问题是，如果发展经济的目的是为了提高城市综合承载力，促进城市群的协调发展，进而实现城市群的可持续发展，那么经济的不断增长能否作用于城市群可持续发展的实现？在可持续发展的视角下，探究城市群可持续发展的支撑系统即城市群综合承载力与城市群可持续发展的动力系统即经济增长之间的双向关系及作用机制，对于分析城市群整体的协调、可持续发展问题，极具现实性和迫切性（Graymore et al.，2010）。除此之外，我们还须认识到，资源和环境是城市发展的支撑要素，经济发展和城市化也直接关乎城市的发展模式（Kyushik et al.，2005），而这些共同决定了城市是否能够实现可持续发展（Pearce and Warford，1993；Robert and Costanza，1995；Wei et al.，2015；陆大道，2015）。因此，在城市群的系统分析框架下，只分析资源、环境和经济增长之间的关系是不全面的，必须将经济增长及支撑城市群发展的各项要素纳入同一分析框架，阐明生态环境、综合交通、要素市场等支撑城市群发展的系统现状和潜在能力，揭示城市群综合承载力支撑系统与经济增长之间的双向影响和互动机制，以实现城市群整体的协调、可持续发展。

长江经济带是世界上城市化发展速度最快的城市群之一。长江经济带自西连接“丝绸之路经济带”，自东连接“21 世纪海上丝绸之路”，是“一带一路”倡议重要的组成部分，在推动全球“一带一路”倡议的合作方面具有独特优势和巨大发展潜力，是实现中国经济和生态目标的战略发展先导区域。本书选择长江经济带城市群作为研究对象，基于以下三点原因：第一，长江经济带城市群是中国区域发展的重大国家战略之一，开展关于其城市群综合承载力的系统研究具有重要的现实意义。一方面，长江经济带横跨中国的东、中、西三大区域，覆盖上海、江苏、浙江、安徽、江西、湖北、湖南、重庆、四川、云南、贵州等 11 省（直辖市），包含中国的发达区域及发展中区域，是典型的流域性发展不平衡不协调区域，长江经济带各城市群的发展水平时空差异较为显著。另一方面，长江经济带面积约 205 万平方千米，占中国领土总面积的21%，约6亿人口，人口和生产总值均超过中国总量的40%[①]，建设长江经济带是中国区域发展的重大国家战略之一，但是，历经多年开发建设，传统的经济发展方式仍未根本转变，生态环境状况形势严峻。同时，目前尚未有针对长江经济带城市群综合承载力问题的系统研究；第二，长江经济带城市群以“生态优先、绿色发展”为战略发展要求。长江作为中华民族的母亲之河之一，是中国生态系统安全的重要保障。而随着长江经济带发展战略全面实施和生态文明建设加快推进，中国政府更加高度重视长江经济带生态环境保护，提出了长江经济带绿色发展战略，强调长江经济带“共抓大保护，不搞大开发”的要求，推动了长江经济带要发展绿色制造和保护生态环境（Chen et al.，2017）的战略发展要求的实现，使长江经济带成为实现科学、绿色、可持续发展的重要试点区域。因此，与其他城市群相比，长江经济带城市群的发展应走“生态优先、绿色发展”之路，要从生态系统整体性和长江流域系统性出发，做好资源环境承载能力评价，加强以生态环境为基础的长江经济带城市群可持续发展的相关研究具有重要的理论和现实意义；第三，随着长江经济带城市群工业化和城市化进程的加快，应加强研究在保护生态环境的基础上如何实现长江经济带城市群经济的高质量发展。一方面，长江经济带各城市相互联系并呈现聚集态势，这种集聚使长江经济带形成了五大主要子城市群。因此，研究长江经济带城市群的一个综合发展状态具有重要的现实意义；另一方面，长江经济带城市群面临的生态环境和经济增长的压力也逐渐增大。例如，长江经济带城市群的人均供水量从2006年的124.63下降到2014年的89.54，年均下降4.4%，而年均GDP增长率从2006年的13.62%下降到2014年的9.72%（Tian and Sun，2018）。因此，加强研究如何在保护生态环境的基础上实现长江经济带城市群经济的高质量发展，具有重要的现实意义。本书基于城市群可持续发展视角，从探究经济增长与城市群综合承载力之间的双向关系出发，研究长江经济带城市群的可持续发展问题，能够为有效地解决这一现实问题提供一种可行的方案。

① 数据来源于《长江经济带发展规划纲要》。

二、研究意义

（一）理论意义

一方面，近年来，关于城市群综合承载力的研究取得了巨大的进展，逐步达成一些普遍共识，但对于既有理论共识进行的经验研究却较为匮乏。因此，本书在可持续发展的视角下，立足于对城市群综合承载力进行系统、科学评估，对城市群综合承载力的时空差异及影响因素、经济增长与城市群综合承载力之间的作用机制展开研究，是对现有城市群综合承载力理论研究的拓展，有助于检验和深化现有的城市群可持续发展理论。

另一方面，以城市群综合承载力为基础展开对城市群可持续发展的研究大多以单一城市群个体或单一承载力要素为研究背景，考虑到对于一个开放的城市群系统而言，城市间的合作联系对于城市群整体的综合承载力有着重要影响，不能简单地用单一要素或单一城市群个体的承载力状态来解释城市群整体的可持续发展问题。因此，开展城市群综合承载力的系统研究是对城市群可持续发展理论的有效深化和拓展。

（二）现实意义

第一，客观评价长江经济带城市群综合承载力（UCC）的整体水平及特征、探究支撑城市群系统发展的城市群状态型综合承载力（USCC），是深入研究长江经济带城市群可持续发展能力的需要，也将对进一步理解非均衡发展城市群的可持续发展有所贡献，同时可以为其他类似的城市群的可持续发展的研究提供参考。

第二，结合长江经济带城市群综合承载力空间差异显著且差异状态呈加剧态势的现实背景，考察长江经济带城市群综合承载力的时空差异及其影响因素、背后机制，可为制定并实施优化提升城市群综合承载力，推进实现城市群协调、可持续发展的公共政策提供有价值的参考。

第三，对长江经济带经济增长与城市群综合承载力的关系加以深入系统的实证研究，有助于深入研究长江经济带城市群综合承载力，确定城市群综合承载力的动态阈值以及评价城市群发展的可持续性。同时，基于提升城市群综合承载力、实现城市群可持续发展的视角，开展长江经济带城市群发展政策效应评价及路径优化设计研究，对于实现长江经济带城市群以生态环境为基础的可持续发展具有重大的现实意义。

第二节　研究问题与内容

一、研究问题

首先，本书构建了城市群综合承载力评价模型和城市群状态型综合承载力评价模型，展开了对长江经济带城市群综合承载力的科学评价研究；其次，实证研究了长江经济带城市群综合承载力的时空差异特征；再次，基于经济增长与城市群综合承载力之间的机制分析，实证探讨了长江经济带经济增长与城市群综合承载力之间的双向关系，以进一步深入研究长江经济带城市群综合承载力；最后，从提升长江经济带城市群综合承载力的视角出发，分析评价了长江经济带城市群发展的政策效应，为制定并实施优化提升城市群综合承载力，推进实现城市群可持续发展的公共政策展开了优化路径设计和机制构建。具体拟解决以下关键性问题：

（1）对于一个开放的城市群系统而言，如何准确、科学地评价城市群的可持续发展能力？

评估城市综合承载力被认为是衡量城市可持续发展能力的有效方法之一（Carey，1993）。城市综合承载力的内涵为识别增长的内在局限性以及准确评估可持续发展问题提供了理论基础（Sarma et al.，2012）。Daily and Ehrlich（1996）也强调了以承载力为基础是实现可持续发展的充分必要条件。Liu and Borthwick（2011）研究认为对于准确评定一个城市的可持续发展能力，城市承载力的概念提供了具体的评估方法和可以衡量的指标体系。城市综合承载力的评估结果还有助于政策制定者在不降低长期可持续性的情况下确定城市发展的最佳水平（Wei et al.，2015）。而关于城市综合承载力的现有研究，多使用单一要素承载力指标对城市承载力进行评价，如土地承载力、水资源承载力和其他关键支撑城市发展的要素（Feng et al.，2007）。然而，对于一个开放的城市群系统来说，要素和资源的互补和流动会导致单因子对城市综合承载力的影响效应显著减弱，而城市之间的多因子综合协同效应则表现的更为重要（Oh et al.，2005；石忆邵等，2013）。因此，应该从支撑城市群发展的各项要素出发分析城市群综合承载力的多因素综合协调的效应，而不是单一因素对其影响。同时，Egger（2006）指出，关于城市群可持续发展的研究应将每个城市视为单独的个体和一个集群的组成部分同时展开研究。因此，从支撑城市群发展的各项要素出发构建一个多视角、多层次的城市群综合承载力评价模型，可以更可靠和更科学地衡量城市群的可持续发展能力。

（2）对于长江经济带这样城市化快速发展且非均衡发展的城市群而言，如何准确评价其可持续发展能力？

城市综合承载力指的是在一定的人力资源，科学，技术，基础设施因素（Joardar，1998）和自然资源（Onishi，1994；Zhang et al.，2016）的约束下，一个城市支持具有可持续发展模式的社会经济活动的最终能力（Wei et al.，2015）。总结现有研究，我们发现城市综合承载力是衡量城市系统协调发展及可持续发展能力的重要评价指标。同时，我们研究发现大多数研究都使用状态型和压力型因素来表示对城市综合承载力系统的正面和负面影响，并做出相对全面的评价分析（Carey，1993；Sarma et al.，2012；Wei et al.，2015）。然而，由于城市发展过程的不同，对城市发展能力产生影响的各项要素可能会从状态型要素转变为压力型要素。例如，在城市化的起步阶段，状态型因素（如资本投资，自然资源供给）对承载体产生正向影响，并对城市综合承载力系统提供支撑力（Botton，2002）。但在经济快速增长的时期，环境污染加剧，资源需求量大，交通过度拥挤等诸多压力型因素出现并对城市综合承载力系统产生严重的负向影响。进一步，这些压力型因素会削弱城市的可持续发展能力（Heikkila and Xu，2013）。因此，在一个系统中同时使用正向效应和反向效应指标，在一定程度上，不能清晰对支撑城市可持续发展的能力做出准确的评价（Liu and Borthwick，2011），也无法较为清晰的分析城市综合承载力的系统结构。特别是，对于长江经济带而言，它既包含较为发达区域又包含发展中区域，因此，状态型因素和压力型因素会同时影响城市群的城市综合承载力系统。这些状态型因素的指标有助于提升城市群综合承载力，而压力因素则会对城市群综合承载力系统能力的提升施加压力。因此，构建城市群状态型综合承载力（USCC）评价指标体系可以进一步较为清晰的探索支撑城市群发展的能力。与以前的研究不同，这些只表征正面影响的状态型指标能够清晰地评估承载能力，而不会受到压力型指标的负向影响（Liu and Borthwick，2011）。即 USCC 可以较为真实直接地反映城市群承载能力状况，特别是长江经济带这类发展较不均衡的城市群承载力状况及城市群可持续发展能力。

（3）作为影响城市群可持续发展的动力系统即经济增长与作为支撑城市群可持续发展的支撑系统即城市群综合承载力之间存在何种关系？如何确定城市群综合承载力的动态阈值？如何评价城市群发展的可持续性？

改革开放以来，中国经济获得了高速的增长。但同时，在长期以 GDP 及其增速为主要目标的引领下，部分中国城市形成了以高消耗高污染为基础的粗放型发展模式，不可避免表现出与城市群综合承载力相关的中心区人口过密、自然资源短缺、环境污染加剧、基础设施滞后、公共服务供给不足等城市发展瓶颈问题（Arrow et al.，1995），导致了社会经济和人与自然关系等方面出现严重的不协调，制约了城市群的可持续发展（Brock and Taylor，2010）。因此，面对这样一个局面，一个重要的研究问题是，如果发展经济的目的是为了提高城市群综合承载力，进而实现城市群的可持续发展，那么经济的持续增长能否实现城市的可持续发展？探究基于城市综合承载力所评价的城市可持续发展能力与经济增长之间的关系，对于实现经济社会发展与人口、资源、环境相协调可持续发展模式，极具现实性和迫切性（Graymore et al.，2010）。除此之外，我们还须认识到，资源和环境是城市发展的支撑要素，经济发展和城市化也直接关乎城市的发展模式（Kyushik et al.，2005），而这些共同决定了城市是否能够实现可持续发展（Pearce and Warford，1993；Robert and Costanza，1995；Wei et al.，2015；陆大道，2015）。因此，只分析资源、环境和经济增长之间的关系是不全面的，必须将经济增长及支撑城市发展的各项要素纳入同一分析框架，阐明生态环境、综合交通、要素市场等支撑城市发展的系统现状和潜在能力，揭示经济增长与城市群综合承载力之间的双向影响和互动机制，以实现城市群的可持续发展。

（4）长江经济带发展战略的提出是否能够提升城市群综合承载力？我们如何进行机制构建和路径设计以优化现有的公共政策，以提升长江经济带城市群综合承载力、实现城市群的可持续发展？

1992 年国务院提出发展长江流域经济战略构想，此后，国家有关部门及长江沿岸省市又多次提出了长江流域的经济合作方案，在 2014 年 9 月 25 日，国务院正式发布了《关于依托黄金水道推动长江经济带发展的指导意见》（以下简称《意见》），将长江经济带建设上升到国家战略层面。其肩负着发展生态经济、减少环境污染、建设综合立体交通以及探索区域可持续发展道路的历史使命，发挥着“政策实验田”的改革引领作用。同时长江经济带发展的指导意见提出后，沿线各省市在其相关政策文件中纷纷提出积极对接长江经济带战略，也表明该发展战略正从务虚阶段向务实阶段的迈进。然而，中国自改革开放以来，随着城市化和工业化的快速发展，资源短缺、环境污染、交通拥挤、生态破坏等问题随城市化的进程表现出总体恶化的趋势，在短期内集中爆发，已经威胁到区域甚至国家的安全及可持续发展（刘晓丽和方创琳，2008）。长江经济带要实现总体可持续发展，必须是经济、社会、生态环境等共同发展。因此，城市群综合承载力的相关问题的研究成为热点。那么长江经济带战略的提出是否能够提升城市综合承载力？是否发展了生态经济，并实现了可持续发展？亟待检验。为此，本书基于可持续发展的视角，运用 Heckman et al.（1997）提出使用 DID（Difference - in - Difference）方法，基于《意见》，展开对长江经济带发展的公共政策的实施效应进行实证评估，客观地评价《意见》的实施效果，不仅对长江经济带城市群发展战略的实施和完善具有重要意义，同时对其他区域发展战略的研究起到借鉴作用。

二、研究内容

本书共分为八章。

第一章：导论。主要阐明本书选题的由来、研究目的、研究意义和研究内容，并介绍本书的研究框架、方法及创新点。

第二章：文献综述。对城市群综合承载力、经济增长、可持续发展，以及长江经济带城市群的相关研究文献进行回顾梳理，述评国内外的研究现状，分析现有研究的不足之处。

第三章：理论机理与城市群综合承载力评价模型构建。理论分析城市群综合承载力模型构建的依据和基础，梳理城市群状态型综合承载力评价模型的构建依据以及其与城市群综合承载力之间的逻辑关系，同时分析经济增长与城市群综合承载力之间的逻辑关系，为进一步研究城市群综合承载力、实现城市群的可持续发展提供理论基础。

第四章：长江经济带城市群综合承载力的评价研究。从长江经济带城市群的三大层次（长江经济带城市群整体、五大子城市群及86座样本城市）出发，运用一系列空间统计分析方法、动态连续评估方法，对长江经济带城市群综合承载力（UCC）与长江经济带城市群状态型综合承载力（USCC）展开多尺度、多层次的系统综合评价研究，本章科学评价长江经济带城市群综合承载力，力图透析支撑长江经济带城市群可持续发展的现实基础及其背后机制。

第五章：长江经济带城市群综合承载力的时空差异研究。从长江经济带城市群的三大层次（长江经济带城市群整体、五大子城市群及86座样本城市）出发，运用一系列空间差异性分析方法，科学研究城市群综合承载力（UCC）及状态型城市群综合承载力（USCC）的时间演变及空间差异性特征，力图透析支撑及影响长江经济带城市群可持续发展的现实基础及其背后机制。

第六章：长江经济带城市群经济增长与综合承载力的关系研究。构建空间面板联立方程模型，实证探讨作为城市群可持续发展的动力系统即经济增长与基于城市群综合承载力所评价的城市群可持续发展能力之间存在何种关系，有助于探索如何在城市群综合承载力的基础上实现城市群经济的高质量发展，以及探究城市群综合承载力动态阈值这两个关键问题，从而进一步深入研究提升城市群综合承载力、实现城市群可持续发展的问题。

第七章：提升长江经济带城市群综合承载力的政策优化研究。从可持续发展的视角出发，运用PSM－DID方法，对影响长江经济带城市群综合承载力的政策的实施效果展开政策效应评估，为进一步制定及优化提升城市群综合承载力、实现城市群可持续发展的公共政策提供依据，并以此进行相应的机制构建和路径优化设计。

第八章：研究结论与对策建议。总结全书，提出研究结论，并指出本书存在的不足以及下一步的研究方向。

第三节 研究目的、方法与框架

一、研究目的

本书的研究目的有以下四点：第一，构建城市群综合承载力评价指标体系，科学评估长江经济带城市群综合承载力，以分析长江经济带城市群可持续发展的现实状况和特征，同时，进一步构建城市群状态型综合承载力评价指标体系，用以在不考虑城市群发展负向影响因素的情况下，更加客观、直接地分析支撑城市群可持续发展的能力，为进一步研究类似长江经济带这类发展不平衡的城市群的可持续发展问题提供重要的参考；第二，通过分析长江经济带城市群综合承载力的空间分布情况和时间演变特征，为长江经济带城市群可持续发展的实现提供依据，同时为世界范围内其他城市群可持续发展的研究提供参考；第三，探究经济增长与城市群综合承载力之间的内在关联，以进一步研究长江经济带城市群综合承载力，并据此探讨城市群发展的可持续性；第四，从可持续发展的视角出发，评价长江经济带城市群发展的政策效应，为进一步制定及优化提升城市群综合承载力、实现城市群可持续发展的公共政策提供依据，并提出相应的优化政策实施路径。

二、研究方法

本书在可持续发展视角下，围绕长江经济带城市群综合承载力展开研究，广泛挖掘和科学分析已有文献理论研究，在充分认识和分析城市群综合承载力相关理论的基础上，结合对长江经济带城市群综合承载力所展开的科学评价与分析，运用指标——基准比较框架模型、层次分析法模型、描述性统计方法、空间统计分析方法、动态连续评估方法以及空间差异性分析方法，探索长江经济带城市群综合承载力水平、时空差异及其动态演进特征。并采用空间面板模型，运用空间计量经济学方法实证检验长江经济带经济增长与城市群综合承载力之间的双向关系，以进一步深入研究长江经济带城市群综合承载力。最后根据本书的研究提出优化长江经济带城市群综合承载力的实施路径和相应的政策建议。本书的基本思路遵循了从理论研究→实证研究→对策建议的一般过程。研究过程中具体使用的研究方法主要包括：

文献分析法。首先对国内外相关研究文献进行了广泛分析和评价，包括城市群综合承载力的概念起源与研究综述、经济增长与城市群综合承载力相互关系的研究综述、关于长江经济带城市群的研究综述等，进行了借鉴、归纳和评述分析。

理论分析法。通过逻辑图理论分析了长江经济带城市群综合承载力的概念模型，经济增长与城市群综合承载力之间的逻辑关系，理论分析了城市群综合承载力评价指标体系的选择依据及模型构建基础，以及分析了为什么在城市群综合承载力评价模型的基础上进一步构建城市群状态型综合承载力评价模型的理论逻辑。

综合测度法。本书运用层级分析法和改进熵值法综合测度评价了长江经济带城市群综合承载力，同时，为了能够较为准确、灵敏的测度评价对象，本书对综合测度的评价指标体系做了相应的测度准确性检验和稳健性检验。

空间统计分析与空间差异性分析。本书选取一系列空间统计分析与空间差异性分析方法用以直观和动态地研究城市群综合承载力的时空演变规律。包括空间自相关分析，空间聚类和异常值分析，热点映射分析以及核密度估计等方法。此外，本书在研究中引入了改进熵值法、增量空间自相关等技术以进一步增强和优化空间分析的稳健性。

实证研究法。本书建立了一个包含经济增长和城市群综合承载力的空间联立方程模型，运用空间统计学和空间计量学方法，从地理特征和社会经济特征两个方面实证探究了两者之间的双向影响和动态关系，克服了以往研究中仅选用地理权重的偏误性，为实现城市群的可持续发展提供了较为准确的实证依据。此外，系统论的思维观点及其基本的研究方法也贯穿本书的始终。本书的软件支持包括 Eviews、Stata、Matlab、ArcGIS10.5 和 GeoDa。

三、研究框架

本书将遵循以下研究思路展开：首先，基于现实背景提出本书拟解决的几个关键性问题，即：如何对长江经济带城市群综合承载力展开科学严谨的评价以分析其现状与特征？长江经济带城市群综合承载力的时空差异及其背后的作用机制？经济增长与城市群综合承载力之间的存在何种双向关系及互动机制？长江经济带城市群发展规划对于城市群综合承载力带来了何种效应，是起强化作用还是削弱作用？其次，对城市群综合承载力相关研究进行回顾梳理，为下文的分析与检验奠定理论基础；再次，运用一系列空间分析方法、描述性统计方法等分析长江经济带城市群综合承载力与城市群状态型综合承载力的空间分布情况和时间演变特征，力图透析长江经济带城市群可持续发展的现实背景与现实基础；再其次，采用空间计量经济学方法对经济增长与城市群综合承载力的双向关系进行实证检验，以进一步分析长江经济带城市群综合承载力的时空差异，并追溯其深层次的原因；最后，对影响长江经济带城市群综合承载力的政策的实施效果展开政策效应评估与路径优化设计，提出提升长江经济带城市群综合承载力以及实现城市群可持续发展的优化政策方案。

本书研究框架如图 1.1 所示：

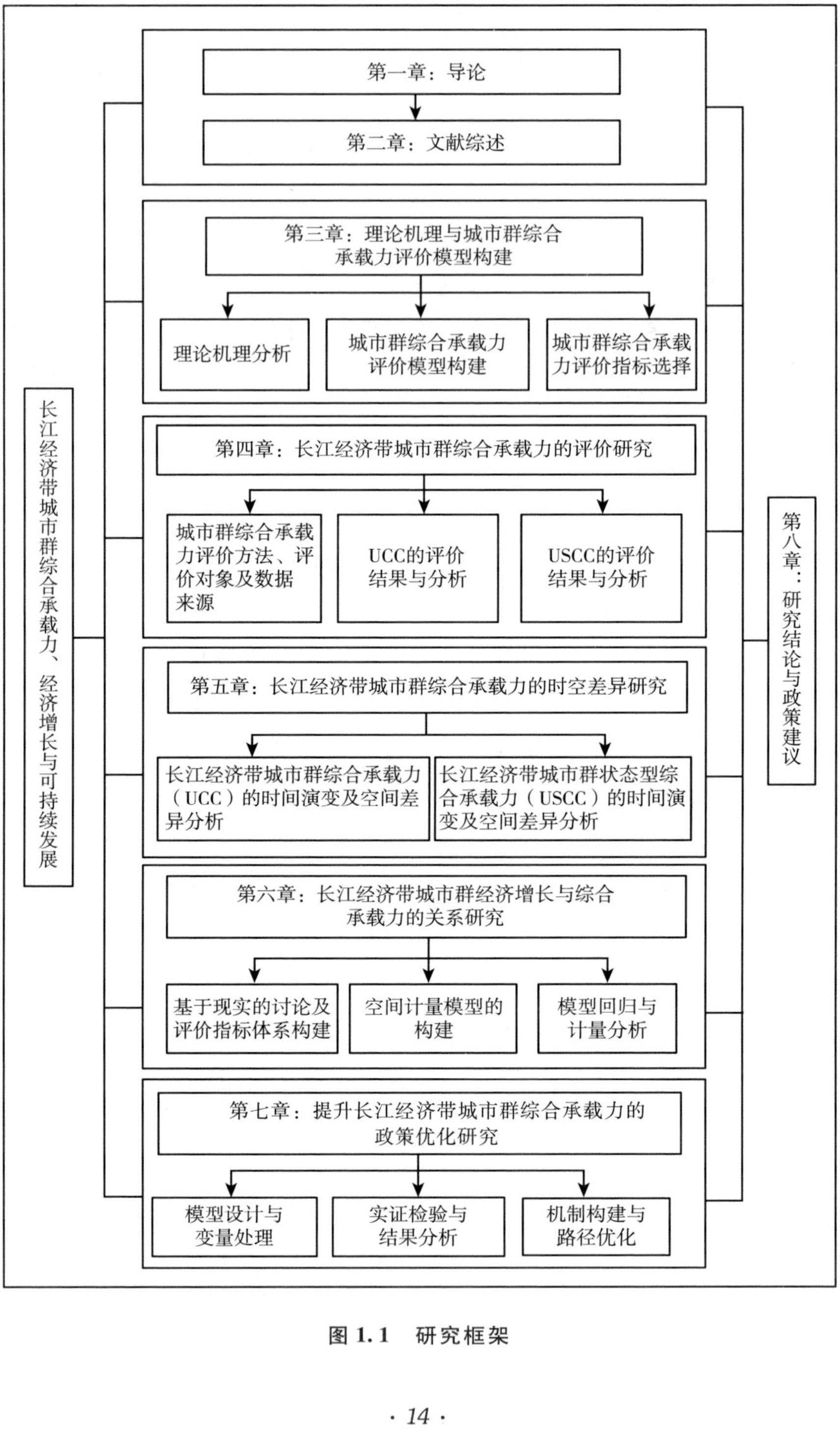
第一章：导论
第二章：文献综述
第三章：理论机理与城市群综合承载力评价模型构建
理论机理分析
城市群综合承载力评价模型构建
城市群综合承载力评价指标选择
第四章：长江经济带城市群综合承载力的评价研究
城市群综合承载力评价方法、评价对象及数据来源
UCC的评价结果与分析
USCC的评价结果与分析
第五章：长江经济带城市群综合承载力的时空差异研究
长江经济带城市群综合承载力（UCC）的时间演变及空间差异分析
长江经济带城市群状态型综合承载力（USCC）的时间演变及空间差异分析
第六章：长江经济带城市群经济增长与综合承载力的关系研究
基于现实的讨论及评价指标体系构建
空间计量模型的构建
模型回归与计量分析
第七章：提升长江经济带城市群综合承载力的政策优化研究
模型设计与变量处理
实证检验与结果分析
机制构建与路径优化
长江经济带城市群综合承载力、经济增长与可持续发展
第八章：研究结论与政策建议

图 1.1　研究框架

第四节 研究的创新点

本书主要在评价指标体系构建、研究视角、研究对象、研究方法及研究内容方面存在一些创新之处，具体可总结如下：

第一，本书从影响城市群发展的多项要素即生态环境、综合交通、要素市场和产业经济四个方面来多角度的构建城市群综合承载力（UCC）评价指标体系，作为衡量城市群可持续发展的评价基础，较为全面和系统地分析了城市群的可持续发展问题。同时，基于传统的城市群综合承载力评价指标体系，本书进一步构建了城市群状态型综合承载力（USCC）评价指标体系，用以更加客观、直接地分析城市群可持续发展的支撑能力，在城市群综合承载力评价指标体系的构建上有所边际改进。

第二，本书从可持续发展的视角出发，分析经济增长与城市群综合承载力的双向关系，探索如何在城市群综合承载力的基础上实现城市群经济的高质量发展，同时探究城市群综合承载力的动态阈值，以进一步深入研究提升城市群综合承载力、实现城市群可持续发展的问题。

一方面，在研究内容上，关于城市群可持续发展问题的研究，大多通过分析环境污染、能源消耗与经济增长之间的关系，验证环境库兹涅茨曲线的存在。但是，实际上，城市群的可持续发展是以一个由人口、环境、基础设施等要素的复杂系统与经济增长之间的协调发展为基础的。因此，仅考虑环境污染等单一要素与经济增长之间的关系来分析城市群的可持续发展问题是不够全面的，而城市群综合承载力所包含的综合要素以及所具有的相对极值和动态阈值的属性，可以较为全面的定义和识别增长的极限以准确评定城市群可持续发展这一问题。另一方面，城市群综合承载力作为经济增长的支撑系统，各子系统共同影响着经济的增长速度和发展模式；经济增长作为推动城市群综合承载力动态演替的动力系统，其速度和结构的发展变化共同影响着城市群综合承载力。城市群的可持续发展是以实现城市群综合承载力所包含的人口、资源、环境等要素与经济增长之间的协调发展为基础。

第三，本书选取长江经济带城市群作为研究对象，从长江经济带城市群整体（层次 1）、长江经济带五大子城市群（层次 2）以及城市群内所包含的 86 个主要城市（层次 3）出发，展开了对各个层级之间相互依存和相互作用所促成的对城市群整体综合承载力提升影响的综合探讨与分析，研究结果更具精确性、现实性及政策制定参考价值。

一方面，长江经济带城市群是世界范围内的城市化发展速度较快且非均衡发展的典型的带状型城市群，建设经济带是经济发展布局的最佳选择，因此，本书选取 2006 ~ 2014 年长江经济带城市群作为研究样本，更具精确性、现实性及政策制定参考价值；另一方面，现有研究多集中于单个城市群、各省域或各城市，但对于长江经济带城市群这种覆盖面积较大、区域发展不平衡的城市群而言，应从多角度、多层次对其城市群综合承载力进行研究，这会使得研究结果更具完备性和可比性。

第四，本书选取一系列空间统计分析与空间差异性分析方法，用以直观、动态、科学地研究长江经济带城市群综合承载力。具体包括空间自相关分析，空间聚类和异常值分析，热点映射分析以及核密度估计等方法。同时，本书在研究中引入了改进熵值法、增量空间自相关等技术以进一步增强和优化空间分析的稳健性。本书的研究结果不仅可以解释当前长江经济带城市群综合承载力的空间分布情况和时间演变特征，为长江经济带的区域协调及可持续发展提供决策依据，而且可以为其他城市群可持续发展的研究提供研究框架和参考价值。除此之外，本书建立了一个包含经济增长与城市群综合承载力的空间联立方程模型，运用空间统计学和空间计量学方法，从地理特征和社会经济特征两个方面实证探究了两者之间的双向影响和动态关系，克服了以往研究中仅选用地理权重的偏误性，为实现城市群的可持续发展提供了较为准确的实证依据。

第五，本书首次对中国政府出台的一系列支持影响长江经济带城市群综合承载力及可持续发展的政策展开公共政策实施①效应评价，把长江经济带

① 自长江经济带发展战略实施以来，中国政府出台了一系列政策以支持长江经济带的发展，其中最重要的两项政策，一项为 2014 年 09 月 12 日，国务院发布的《关于依托黄金水道推动长江经济带发展的指导意见》（国发〔2014〕39 号，以下简称《意见》），明确了长江经济带发展作为中国三大战略之一；二是，2016 年 09 月《长江经济带发展规划纲要》，确立了长江经济带“一轴、两翼、三极、多点”的发展战略新格局，制定了“生态优先、绿色发展”的基本思路。

城市群内城市之间以及城市群内城市与城市群之外的城市之间的相互作用，均纳入系统进行综合研究与分析。

具体而言有以下几点：首先，本书采用 2006～2016 年中国 240 个地级城市的面板数据，包含长江经济带城市群内 80 座处理组城市以及长江经济带城市群外的 160 座控制组城市，运用 PSM—DID 方法，首先对“政策”影响长江经济带城市群综合承载力的结果展开政策效应评价；其次，识别了“政策”影响城市群综合承载力的机制，并在此基础上提出了其后续执行过程中应着力纠正的问题，为“政策”对城市群综合承载力的影响机制提供借鉴和参考；再次，考虑到不同城市群经济发展差异，本书对“政策”影响城市群综合承载力的区域异质性进行了详细分析，增进了对“政策”的认识和理解，从而对政府有关部门制定具有针对性的政策具有重要意义；最后，基于对现有公共政策的评价分析，就提升长江经济带城市群综合承载力、实现城市群可持续发展进行了机制构建与政策优化路径设计。

| 第二章 |

文献综述

第一节 城市群综合承载力的内涵演变与研究综述

一、城市群综合承载力的概念起源与内涵演变

承载力最初是指衡量物体对损伤的临界负载的物理参数，而最初使用承载力一词的是种群生物学，用以描述生物在某一资源环境约束下的种群数量增长规律（Odum，1971；Kessler，1994；Yu and Mao，2002；Hui，2015；石忆邵等，2013）。英国学者 Malthus 的人口理论研究认为生物的无限增长必然会受到有限的自然要素的制约（Malthus，1826），反映了承载力的概念基础，对后来人口学及经济学的研究形成重要的影响。在人类生态学的研究领域，Park and Burgess（1921）认为某一区域的食物资源可以用来确定该区域人口的容量，推动了土地承载力的相关研究。Odum（1953）将承载力概念和逻辑斯蒂方程（Logistic growth model）的常数 K 关联起来，使承载力的概念形成较为精确的数学表达。20 世纪 60 ~ 70 年代，随着工业化和城市化的快速发展，人类面临的环境污染与资源短缺等问题越发严重，人们开始加强土地承载力的相关研究，承载力的研究从理论分析非人类生物种群增长的规律转向人类面临的现实问题，包括土地、森林、矿产、环境、水等资源，引起人们对全球资源的重新评估（石忆邵等，2013）。进一步，生态承载力、资源（土地、水、矿产等）承载力、环境承载力等概念相继应运而生，单要

素承载力发展到多要素承载力。联合国教科文组织在20世纪80年代提出了一系列资源承载力的概念，包括土地承载力、水资源承载力、矿产资源承载力、森林资源承载力等，被认为是研究综合承载力概念的基础。近20年来，随着承载力概念在人口、自然资源、环境规划与管理等领域的广泛研究，文化承载力、社会承载力等概念（Hardin，1986；Daily and Ehrlich，1996）也相继被提出，与自然资源禀赋相关的承载力研究发展到包含人类发展需求的综合承载力研究（石忆邵等，2013），如科技、社会制度、经济、文化等因素。总之，自然资源相对于人口的承载力是一个与资源禀赋、技术水平、社会选择及价值观念等息息相关的概念，它拥有相对极限的内涵（Daily and Ehrlich，1992；Arrow et al.，1995；Cohen，1997；石忆邵等，2013）。

在进一步的研究中，承载力的含义扩展到与城市发展有关的不同方面，演变为对城市发展的限制程度进行描述的最常用的概念之一。这些方面不仅包括生态、资源、环境等因素，还包括经济和社会因素，如人口，资本和运输等。这些因素的承载能力共同影响着城市的可持续发展（Ma et al.，2017）。2005年1月中国建设部下发了《关于加强城市总体规划修编和审批工作的通知》，其中明确给出了城市综合承载力的概念，指出要客观分析资源条件和制约因素，重点研究了城市综合承载力，处理好资源保护、生态建设及重大基础设施建设等城市发展的关键环节。基于此，学者们提出了一个名为城市综合承载力（Urban Comprehensive Carrying Capacity）的综合概念，该概念根据一个城市系统所拥有的协同发展能力，进一步丰富了单要素承载力的定义。城市综合承载力指的是在一定的人力资源，科学，技术，基础设施因素（Joardar，1998；傅鸿源和胡焱，2009）和自然资源（Onishi，1994；Zhang et al.，2016）的约束下，一个城市支持具有可持续发展模式的社会经济活动的最终能力（Wei et al.，2015）。它是一个由经济、社会、资源和环境等组成的复杂系统，包括城市资源承载力、城市环境承载力和城市生态系统承载力、城市基础设施承载力、经济承载力及社会承载力等，它们是城市综合承载力系统的主要组成部分（Liu，2012；Wei et al.，2015）。总结现有研究，我们发现城市综合承载力是衡量城市系统协调发展及可持续发展能力的重要评价指标。城市综合承载力的探讨以单城市空间范围为研究对象，分析其中承载体、承载对象以及它们之间的综合关系。然而，既有关于城市综合承载力的探讨忽略了城市的开放性特点，把城市看作封闭和单独的系统来考察和分析，忽视了城市众多承载力要素所具有的与外界交流的能力与现实。

事实上，一个城市的承载力，不仅取决于城市本身所具有的属性特征，而且取决于与其外部的关系。构成城市综合承载力的大部分要素能够通过与外部交流而达到提升承载力的目的，同时减弱自身的短板问题（王瑶，2016）。随着区域、国家、世界性城市体系的发展，城市之间的相互依存和相互作用的不断扩大，一个城市与其他城市之间的联系与交流越发频繁与重要，而这种联系与交流可直接影响城市综合承载力，产生城市体系效应（胡锋，2012）。这种城市体系效应对于城市群综合承载力的影响尤为重要。特别体现在以下几个方面：第一，通过要素对流提升城市群综合承载力。城市体系效应首先体现在城市体系内部城市之间的人流、物流、资金流、技术流、信息流、文化流等之上（胡锋，2012；王瑶，2016）。而对于城市群系统来说，通过其内部各城市之间的要素流通，一方面能够弥补城市综合承载力系统内部短板要素的限制；另一方面，通过城市群系统内部的要素流通，能够扩大承载对象的布局，进而支撑承载体的发展。例如经济规模的扩大，可促进基础设施建设，所以承载对象的发展并非一定意味着扩大对承载力的负荷（王瑶，2016）。第二，通过凝聚子群提升城市群综合承载力。凝聚子群是指在整个城市群系统内部，部分关系较为密切的子城市群。而随着凝聚子群发展，城市之间各种资源配置会趋向相对合理化，进而导致城市群综合承载力的提升。第三，通过城市功能提升城市群综合承载力。城市群系统中单个城市功能的过大或过小会对城市群综合承载力系统的整体协调发展产生不利影响。而城市群系统内部各城市之间相互依存和相互作用会推动城市功能得到优化配置，实现动态平衡，进而使城市群综合承载力达到与其发展相适宜的水平。第四，城市体系效应会跨空间作用于城市群系统。在城市群系统中，城市体系效应不仅作用于相临近的城市之间，而且会作用于距离较远的城市之间，甚至较远距离的城市之间的相互作用不一定比临近城市之间的相互作用小（刘晓丽和方创琳，2008）。因此，城市群综合承载力的研究不能仅限于单个城市范围，更应着眼于城市群系统范围内。

总体来看，关于承载力的研究不断延展和深入，被应用至整个自然界及人类社会范畴。承载力研究经历了非人类生物种群承载力、人口承载力、资源承载力、环境承载力、生态承载力、经济承载力、文化承载力、社会承载力等概念内涵的演进过程（石忆邵等，2013），从单要素承载力发展到包含多要素的系统承载力、从基于自然资源禀赋的承载力研究扩展到包含人类发展需求的综合承载力研究，从单个城市综合承载力研究延伸到城市群综合承载力的研究等演变特征。可以看出，不同概念的承载力研究实际上是一脉相承的，本质上是反映发展的限制程度。即承载力反映的是一种阈值属性，超越该阈值会产生有关承载力失衡的一系列问题。同时，关于城市群综合承载力内涵的演变，从研究的出发点来看，试图克服单城市承载力研究的片面性与封闭性，而把城市群内城市之间乃至城市群内城市与城市群之外的城市之间的相互作用，均纳入系统进行综合研究与分析。然而，从现有研究来看，主要集中于城市群整体的研究，即考察城市群内各城市的承载力要素进行“加总”统计处理得到城市群总体的承载力，缺乏城市群内城市之间的相互依存和相互作用所促成的对城市群整体承载力提升影响的探讨与分析。

基于以上关于城市群综合承载力概念起源与内涵演变的相关研究分析，本书将城市群综合承载力概念界定为：城市群综合承载力是一个由资源承载力（Onishi，1994；Zhang et al.，2016）、生态环境承载力（Kessler，1994；Yu and Mao，2002；Hui，2015）、城市基础设施承载力（Hardin，1992；Sarma et al.，2012；Jiang et al.，2017）以及其他社会资源承载力（Shi et al.，2004；Oh et al.，2005；Liu and Borthwick，2011）等组成的复杂系统，是一个具有恢复能力和动态承载阈值范围的综合系统，综合承载力各子系统的要素对流、城市群内部各凝聚子群的协调发展以及城市群内部各城市功能的优化提升共同影响着城市群综合承载力，而城市群综合承载力的优化提升是决定城市群可持续发展的关键因素（Ma et al.，2017）。

二、城市群综合承载力的研究综述

国外相关研究综述：一是以土地、水等短缺性资源为基础的单要素承载力的研究，如资源承载力（Lei and Zhou，2012；Wang et al.，2016；Wang et al.，2017；Hou et al.，2017；Chi et al.，2019；Yang et al.，2019）、环

境承载力（Zhou and Zhou，2017；Zhang et al.，2018；Guo et al.，2018）、人口承载力（Zhang et al.，2010）以及经济承载力研究（Cuadra and Björklund，2007）等。Young（1998）、Alexis（2000）、Greece（2001）、Xiao（2007）主要集中在交通、旅游等行业或部门的承载力评价。二是以资源、环境等要素构成的综合体为研究对象，研究和人类经济、社会等活动相关的多要素综合承载力（刘惠敏等，2011），即综合承载力研究，如区域承载力（Lane，2010；Wei et al.，2014）、城市群综合承载群力研究（Liu，2012；Tian and Sun，2018；Sun et al.，2018）等。三是 Cohen（1997）、Oh（1998）、Meyer（1999）等主要探讨不同方法和技术模型在承载力研究中的相关应用，如系统动力学方法、Logistic 模型、生态足迹预测方法等。

国内相关研究综述：毛汉英和余丹林（2001）采用状态空间法作为量度对区域承载力进行定量评价，并运用系统动力学模型对区域承载力及其承载力的变化趋势展开了模拟与预测研究。中国科学技术协会（2008）对于京津冀城市群、珠三角城市群、长三角城市群、中原城市群及成渝城市群展开了承载力的综合评价，提出了增强城市承载力的途径及危机管理的策略。谭文垦等（2008）通过总结承载力及城市综合承载能力概念的起源与发展，基于 Verhulst - Pearl logistis 方程创新性的构筑了城市综合承载能力基本模型，并以此将城市系统承载力进行了划分。吕斌等（2008）通过选取环境、水资源、土地及交通要素承载力评价指标，对中原城市群城市承载力展开研究，分析城市群发展中的重要制约要素及其根源，认为当承载力指标的某一要素成为短板，整体优势难以发挥。刘晓丽和方创琳（2008）研究认为现有关于城市群资源环境承载力的研究没有充分考虑区域系统的开放性特征，应加强从多要素角度出发展开城市群开放系统的承载力研究，并重视城市群空间结构的整体性分析，充分利用复杂系统方法、地理信息系统（GIS）等技术展开城市群承载力的相关研究。宋建波和武春友（2010）以长江三角洲城市群为例，通过构建城市化与生态环境发展水平的评价指标体系，利用主客观相结合的方法确定各指标的权重，并对二者的发展水平及协调发展程度进行了测算，以此研究城市群的城市化和生态环境协调发展的问题。曾鹏等（2010）认为城市综合承载力与城市的资源水平、经济发展、技术含量及价值认知等紧密关联，具有相对极限的含义。刘惠敏（2011）从资源的供给与需求角度，运用时序全因子分析法，对长三角城市群 16 座城市的从水、环境、土地及交通等单要素承载力出发，对长三角城市群 16 座城市的承载能力展开了评价研究，并通过提取全局公因子的方法分析了城市群综合承载力的动态变化规律，得出了长三角城市群综合承载力的空间差异显著扩大，且具有人口和资源向核心城市聚集的发展趋势。孙钰和李新刚（2013）以环渤海城市群为例，基于空间回归研究了城市土地综合承载力及其空间异质性，认为人口、资源环境以及经济社会为影响城市土地综合承载力的主要因素。阎东彬（2015）选用灰色关联分析法对京津冀城市群综合承载力展开了研究，认为京津冀城市群应走优势互补、多维协同、梯度错位的一体化城市发展之路。程广斌等（2015）通过构建综合承载力指标体系，采用改进熵值法对丝绸之路经济带战略背景下西北城市群综合承载力展开了研究。

通过以上文献综述，可以发现，现有国内外对城市群综合承载力的研究主要集中于两个领域。

一是以水、土地等稀缺性资源为基础的单要素承载力的研究，具体而言：生态环境包括水资源、土地资源、生物资源以及环境容量等，其中水资源承载力与环境承载力关系到社会和经济持续发展。目前，水资源承载力仍然没有形成统一的定义，其内涵的界定尚存在一定的分歧和不足（Liu，2012；Ren et al.，2016）。环境承载力是指在某一时期、某种状态下，某一区域环境对人类社会、经济活动的支持能力的限度（Liu and Borthwick，2011）。Zhang et al.（2018）分析了烟尘、废弃等对大气环境的影响，环境污染排放、生志环境保护治理的相关指标能较全面地反映生态承载力状况。土地承载力是城市综合承载力存在的基础条件之一，缺少土地资源的支撑，城市将无法运转，其他构成城市综合承载力的子系统也将不存在（Lane，2010）。人口承载力反映了城市居民的整体生活质量，体现了城市可持续发展的潜力，是城市综合承载为的重要组成部分（Wei et al.，2016；Chi and Ho，2018）。Giannopoulos and Curdes（1992）认为技术创新是推动城市形态从简单至复杂、从低级向高级发展转变的重要动力。而随着经济社会的快速发展，交通承载力的相关研究也越显重要，多集中于以交通基础设施为承载物来研究所能够实现的人或物的最大运输量，或者以资源环境为承载物来分析支撑最大交通发展的规模（Pandit et al.，2015；Alam et al.，2017；Mansourianfar and Haghshenas, 2018)。经济承载力指标，城市经济承载力作为城市综合承载力的重要组成部分，为城市综合承载力的提升提供了重要的物质保障（Chen，2015；Lin et al.，2016；Yang et al.，2017）。

二是以资源、环境等各种与人类经济社会发展相关的多要素为综合体研究对象，如区域承载力和城市群综合承载力等。大多数研究认为承载力的大小取决于最稀缺资源的多少，但同时，一座城市的发展均是以多因素的协同作用为基础的。对于一个高度开放的城市群系统来说，支撑城市群可持续发展的除了城市群内部自身的资源、环境之外，更为重要的是通过市场所利用的本城市群以外的各种资源要素（刘晓丽和方创琳，2008）。而城市群的开放性特征决定了一座城市自身的自然资源丰裕度和其经济发展水平之间不会绝对呈现正相关关系（石忆邵等，2013）。因此，一些学者认为资源承载力具有补偿效应原理或者说是综合效应原理。它与最小因子限制原理的所不同之处为它强调应以其他资源要素的综合效应来分析一个城市的承载力。综合效应原理是以各因子的权重大小来评价各项要素对一个城市承载力的影响，它包含了各个项要素间的联系及补偿效应。同时，承载力的大小还具有时间演变的动态性特征，也就是说，不同的城市在同一发展时期可能拥有差异性的阈值，并且对同一城市而言，在不同的发展阶段也可能拥有不同的承载力阈值（Arrow et al.，1995）。因此，一般而言，我们认为对于拥有不可再生性或者不可流动属性的自然要素而言，它们的承载力研究遵循最小因子限制原理；对拥有可再生属性或者可流动属性的要素，则适用于补偿效应原理。特别地，对于开放的城市群系统，资源与要素的流动及互补会使得单因子对城市群综合承载力的影响效应显著减弱，而多因子的综合协同效应则明显增强（石忆邵等，2013）。

第二节　经济增长与城市群综合承载力的相关研究综述

有关经济增长与城市群综合承载力相互关系问题的研究最早可追溯到 Arrow et al.（1995）在《Science》上所发表的《经济增长、承载力和环境》。此后美国生态学会（Ecological Society of America）以此为主题，在《生态应用》上发表了一组文章，引起了关于此问题的大量研究。通过对文献的梳理，发现当前的研究重点在于能源消耗、环境污染等问题与经济增长（Grossman and Krueger，1995；Brock and Taylor，2005；王敏和黄滢，2015）、经济增长与可持续发展（David et al.，1996；陆大道，2015）、城市承载力与经济增长（Kenneth et al.，1995；Costanza，1995；Cohen，1997）、城市承载力与可持续发展（Daily and Ehrlich，1996；Liu and Borthwick，2011）等方面。本节主要从环境污染、能源消耗与经济增长，经济增长与可持续发展，城市群综合承载力与可持续发展三个角度梳理此问题的研究成果。

一、环境污染、能源消耗与经济增长的相关研究

一方面，有关环境污染、能源消耗与经济增长的相关理论研究，国内外学者重点从内生增长理论出发展开了研究（吴继贵和叶阿忠，2016）。魏翔等（2007）研究认为在一定的环境污染下，物资资本和人力资本的产出弹性会减弱，同时技术进步和知识积累会推动社会经济持续增长。沈小波（2010）分析认为经济产出的规模效应会加剧环境污染，而降低环境污染的技术进步所导致的产出效率高于规模效应时才会达到降低环境污染的效果。Xepapadeas（2005）认为资源的有效利用有益于污染治理以及人力资本的累积，并且能够实现持续的增长以及环境保护。Zuo et al.（2011）基于动态优化理论研究认为在能源及环境的约束下，经济的可持续增长必须以人力资本的不断积累为基础，并且在环境投资对产出的贡献率高于能源及环境的共同产出贡献率的条件下才会有可能实现。

另一方面，有关环境污染、能源消耗与经济增长实证方面的相关研究，主要包含以下四个角度（吴继贵和叶阿忠，2016）。第一，从线性规划角度。例如，Lazzaretto（2004）、Tashimo（2008）和 Jia（2012）对环境、能源和经济所构成的 3E 系统的研究，主要采用的方法包括单目标决策、多目标决策和数据包络分析等。第二，从投入产出的角度。例如，Hawdon（1995）、Oliveira（2011）等采用投入产出法对环境、能源和经济的交互作用进行核算

和分析。第三，从模糊数学或者系统协调度的视角出发展开研究。例如，范中启（2006）、赵芳（2009）和陈琼（2012）等应用协调度理论对我国能源、经济和环境三者间的关系开展了较为深入的研究。第四，从计量角度。例如，崔和瑞（2010）、杨旭（2012）等在借助内生增长理论的基础上，利用协整模型、VAR 模型或是 VECM 等计量模型对环境污染、能源消耗及经济增长三者展开了研究与分析。

二、经济增长与可持续发展的相关研究

20 世纪 90 年代初，Grossman and Krueger（1995）提出环境污染和经济增长之间存在倒“U”形曲线关系，即环境库兹涅茨曲线（Environmental Kuznets Curve，EKC）。基于 EKC 假说，很多学者开展了关于环境污染、能源消耗和经济增长的研究（Brock and Taylor，2005），在一定程度上反映了经济增长对城市可持续发展的影响，但仅考虑环境污染并不能完全体现城市可持续发展的内涵和要求（黄洵和黄民生，2015）。一方面，关于 ECK 的实证研究，往往会因环境污染指标选取的不同而导致结论出现较大偏差（王敏和黄滢，2015），且经济的高速发展并不一定加剧环境污染，相反也可以弱化环境污染压力（洪大用，2012）。另一方面，城市是一个由环境、经济、社会等要素互相作用、互相制约而构成的庞杂系统，在实现城市可持续发展的进程中，需研究如何改善生态环境、缓解人口压力等问题以实现环境、经济、社会的协调发展（彭程和陈志芬，2015）。

三、城市群综合承载力与可持续发展的相关研究

可持续发展被联合国环境与发展委员会定义为：“既能够满足当代人的需要，同时又不对后代人满足其需要的能力造成危害的发展” （WCED，1987）。之后，国内外学者展开了关于可持续发展问题的大量研究（IUCN et al.，1991）。其中，关于如何衡量可持续发展这一问题，一方面，一些机构如经济合作与发展组织（OECD）、可持续发展委员会（UNCSD）及世界贸易组织（WTO）构建了评价指标体系，主要涉及自然环境如大气、水、森林

及生物多样性等方面。关于评价和度量可持续发展的研究方法主要有：指标体系综合评价法、环境可持续性指数法、能值分析法、生态足迹法、数据包络分析法等（黄润和黄民生，2015）。另一方面，Wei et al.（2016）分析认为，对于明确定义和识别增长的极限以实现可持续发展这一问题尚未有清晰的概念，但是，有大量学者从承载力角度出发衡量城市的可持续发展能力。Carey（1993）认为承载力的研究是深化分析如何度量和评价可持续发展这一问题的核心途径之一。Daily and Ehrlich（1996）强调以承载力为基础是实现可持续发展的充分必要条件。Graymore，Sipe and Rickson（2010）认为承载力问题的研究是实现可持续发展的基础和门槛。Liu and Borthwick（2011）研究认为对于准确评定一个城市的可持续发展能力，城市承载力的概念提供了具体的评估方法和可以衡量的指标体系。Sarma et al.（2012）认为承载力的研究对于城市的可持续发展有着重要的指引作用。中国学者吕光明和何强（2009）强调可持续发展必须以承载力为基础，实现资源、环境、人口和经济四个子系统之间的互相协调，且承载力拥有可持续发展思想所不具备的额外优势，即传递可计算性和精确性。陈金英等（2013）认为研究城市承载力的意义在于实现城市的可持续发展。石忆邵等（2013）认为承载力理论与可持续发展理论是一脉相承的，承载力研究资源、环境等实际承载能力，可持续发展的根本要求是人类活动的规模和强度需保持在承载力的限度之内，方能实现城市的可持续发展。陆大道（2015）研究发现长时期的高速经济增长会使中国的环境和生态系统承受越来越大的压力，同时，建立在高耗能高污染基础上的高速经济增长模式及大规模空间扩张的城市化发展是不可持续的。

第三节 关于长江经济带城市群的研究综述

长江经济带是中国经济、科技、文化发达的地区之一，但其面临着一系列可持续发展问题。刘兆德和虞孝感（2006）认为制约长江流域可持续发展的主要问题包括资源安全问题、人口压力、经济效益降低、生态环境恶化等；而方创琳、周成虎和王振波（2015）认为长江沿江的六大城市群在发育过程中存在着城市群空间范围界定脱离发育标准、带有强烈的政府主导性等问题。从可持续发展评价的角度来看，段学军和虞孝感（2002）对长江流域七省一市的可持续发展状况分别进行评价，结果表明长江流域的可持续发展水平呈现持续不断上升的发展趋势；梁伟和朱孔来（2011）从生态环境质量的角度来研究长江流域的可持续发展，结果表明：长江流域整体的生态环境指数略高于全国均值，下游的江苏和上海得分偏低，重庆、湖北、湖南和安徽位于全国中游水平；孙亚南（2016）从经济、生活、资源、科技等全局视角将“可持续”与“发展”相结合，构建长江经济带核心城市可持续发展能力评价体系，从整体发展的可持续性来看，长三角城市群发展可持续力最强，东部城市可持续发展水平高于中西部城市，同一省份内省会城市可持续发展水平要高于非省会城市，中心城市可持续发展水平要高于边缘城市。

随着长江经济带人口的急剧增长及城市化进程的加快，长江经济带城市群的发展正面临着资源、人口、经济、生态环境等问题，城市综合承载力对城市可持续发展的制约问题日益严重。刘惠敏（2011）从资源的供给与需求角度，对2000年和2008年长三角城市群16个城市的土地、水、交通和环境等单要素承载力进行了评价；曾鹏等（2015）分析了中国十大城市群综合承载力，并对各个城市群综合承载力进行了比较研究。姜豪和陈灿平（2016）对成都2008～2014年的城市综合承载力进行动态分析；而王维等（2017）从单一的生态承载力的角度研究了长江经济带城市生态承载力。同时，针对长江经济带发展战略的研究当中，李春艳和文传浩（2015）认为在区域协作方面，各省份应进行科学产业定位，以共同利益为纽带建立经济合作机制；在发展路径方面，应从城乡一体、创新驱动、现代物流、流域开发等方面共同推进长江经济带建设；在探索创新方面，各省份应结合实际情况，制订有针对性的发展政策，实现差异化路径探索中的区域整体推进；在发展驱动方面，国家层面应给予积极的政策支持，为长江经济带建设提供可靠的制度保障；李旭辉等（2018）从“五位一体”的总布局视角评价研究了长江经济带城市经济社会发展，结果表明：横跨中国东、中、西部的长江经济带城市的经济社会发展水平呈现极不均衡的状态。

而有关长江经济带区域发展的文献主要集中在三个方面：一是生态环境方面，Shu and Xiong（2019）基于中国长江三角洲城市群，研究产业结构优化过程中工业碳排放的相关问题，认为减少区域工业碳排放和优化区域工业碳排放的空间格局具有重要作用。Li et al.（2017）研究中国长江经济带生态走廊建设问题，认为应加强利益相关者之间的合作，改善和稳定生态走廊的建设机制，增加公众对项目的参与度。Xu et al.（2019）采用三种生态模型和五个关键指标建立一个连贯的长江经济带生态红线框架和标准，研究结果表明：当区域政府作为独立的第三方评估员并强制执行跨省生态补偿战略时，实施生态红线政策是有效的。二是要素市场方面，Ye et al.（2018）从长江经济带金融要素集聚方面进行了研究，认为金融集聚促进了其城市化发展。长三角作为长江经济带最大的城市群，经历了快速的城市化过程，土地作为稀缺要素，城市土地效率成为可持续发展的重要问题（Wu et al.，2017；Luo et al.，2018）。Liu et al.（2018）基于1995～2015年数据探讨中国长江经济带城市用地扩张与人类活动范围的关系，认为城市土地与城市群规模的人类活动范围之间存在耦合关系，但城市土地无序扩张和空间分布，规模结构发展不平衡的问题仍然存在。三是交通基础设施方面，一些学者研究长江经济带交通基础设施在城市群综合承载力中的作用，认为铁路与水路运输的快速发展增强了长三角城市群之间的通达性，对周边区域产生辐射作用（Wang，2018；Jiang et al.，2018）。

第四节　文献述评

通过对国内外城市群综合承载力的研究文献的梳理与总结，可以看出，近年来，有关城市群综合承载力的相关研究取得了巨大发展，并得到了一些获得普遍共识的结论。由于世界范围内各城市群发展存在较大差异，各城市群综合承载力具有自身独有的特点。已有针对城市群综合承载力展开的相关研究具有重要的参考价值，但也存在以下几方面的不足：

第一，关于城市群综合承载力的现有研究，一方面，城市群综合承载力评价模型的构建存在较大差异性问题，且多使用单一要素承载力指标对城市群承载力进行评价，如土地承载力、水资源承载力和其他关键支撑城市群发展的要素（Feng et al.，2007）。然而，对于一个开放的城市群系统来说，要素和资源的互补和流动会导致单因子对城市综合承载力的影响效应显著减弱，而城市之间的多因子综合协同效应则表现的更为重要（Oh et al.，2005；石忆邵等，2013）。因此，应该从支撑城市群发展的各项要素出发分析城市群综合承载力的多因素综合协调的效应，而不是单一因素对其的影响。Egger（2006）指出，关于城市群可持续发展的研究应将每个城市视为单独的个体和一个集群的组成部分同时展开研究。因此，应构建一个多视角、多层次的城市群综合承载力评估模型，以分析城市群的可持续发展能力。另一方面，大多数研究都使用状态型和压力型因素来表示对 UCC 系统的正面和负面影响，并做出相对全面的评价分析（Carey，1993；Sarma et al.，2012；Wei et al.，2015）。然而，由于城市群发展过程的不同，对城市群发展能力产生影响的各项要素可能会从状态型要素转变为压力型要素。因此，在一个系统中同时使用正向效应和反向效应的指标，在一定程度上，可能不能清晰地对支撑城市群可持续发展的能力做出准确的评价（Liu and Borthwick，2011），也无法较为清晰地分析 UCC 的系统结构。特别是，对于长江经济带城市群这类典型的非均衡发展城市群。因此，有必要进一步构建城市群状态型综合承载力（USCC）评价模型，以较为真实直接地反映城市群承载能力，该模型可以更为有效和清晰地反映长江经济带城市群这类发展较不均衡的城市群的承载力状况及城市群的可持续发展能力。

第二，关于经济增长与城市群综合承载力之间关系的研究，大多通过分析环境污染、能源消耗与经济增长之间的关系，验证环境库兹涅茨曲线的存在，但是，实际上，城市群的可持续发展是以一个由人口、环境、基础设施等要素的复杂系统与经济增长之间的协调发展为基础的。因此，仅考虑环境污染等单一要素与经济增长之间的关系来分析城市群的可持续发展问题是不够全面的。同时，关于承载力与经济增长两者之间的研究多为理论研究，从实证角度出发开展两者之间的相互关系及内在机制的研究尚显不足，而选用空间计量法进行两者之间的双向关系的实证研究则更为缺乏。

第三，关于长江经济带城市群的现有研究，①主要集中于其产业结构演变与经济发展、空间结构和发展战略、生态环境及发展效率及城市建设与合作机制等论题上。②大多集中于单个城市群、各省域或各城市，对长江经济带城市群整体、各子城市群之间及各城市进行系统综合研究的尚不多见。而城市群发展终究是城市层面的问题，因此加强选用市级层面的样本数据展开研究，更具现实意义。③现有关于长江经济带城市群承载力的研究主要集中于生态承载力（郭进和徐盈之，2014；王维等，2017）、资源承载力（施开放等，2013；翟腾腾等，2014；李焕等，2017）、经济承载力（周婷和邓玲，2008；狄乾斌等，2016）以及综合承载力（刘惠敏，2011；曾鹏等，2015；姜豪和陈灿平，2016）等方面。即当前对长江经济带城市群承载力的研究由于某一方面，缺乏对其城市群综合承载力的系统研究，同时，鲜有文献从经验上考察长江经济带城市群发展的政策效应，以及是否对其城市综合承载力及经济增长产生影响。

因此，针对已有研究文献的不足，本书在可持续发展视角下，首先，构建了城市群综合承载力评价模型和城市群状态型综合承载力评价模型，展开了对长江经济带城市群综合承载力的科学评价研究；其次，实证研究了长江经济带城市群综合承载力的时空差异特征；再次，基于经济增长与城市群综合承载力之间的机制分析，实证探讨了长江经济带经济增长与城市群综合承载力之间的双向关系，以进一步深入研究长江经济带城市群综合承载力；最后，从提升长江经济带城市群综合承载力的视角出发，分析评价了长江经济带城市群发展的政策效应，为制定并实施优化提升城市群综合承载力，推进实现城市群可持续发展的公共政策展开了优化路径设计和机制构建。

| 第三章 |

理论机理与城市群综合承载力评价模型构建

本章在可持续发展视角下，首先，构建了城市群综合承载力概念模型，作为城市群综合承载力评价模型构建的依据和基础；其次，通过对城市群综合承载力的系统结构进行剖析，分析城市群状态型综合承载力（USCC）评价模型的构建依据以及其与城市群综合承载力（UCC）评价模型之间的逻辑关系；最后，理论分析经济增长与城市群综合承载力之间的机理关系，为进一步研究城市群综合承载力、实现城市群的可持续发展提供理论基础。

第一节　城市群综合承载力的理论机理分析

一、城市群综合承载力概念模型

（一）承载主体和承载客体

与资源承载力、环境承载力等单要素承载力相比，城市群综合承载力将单一系统承载能力的定义扩展到协同系统承载能力，其中包括将城市层面的承载力系统扩展到城市群系统层面和将单一要素承载力扩张到包括自然，经济和社会等综合要素承载力系统。基于承载主体和承载客体的特征区别，本书提出了城市群综合承载力的概念模型（图 3.1），作为城市群综合承载力模型构建的依据和基础。在该模型中，城市群综合承载力由两个元素组成：承载主体即承载基体和承载客体即承载对象。承载基体是指城市群综合承载力，承载客体是指城市群发展状况。

关于支撑城市群发展的具体要素，学术界展开了多角度的研究。首先，生态文明建设是经济新常态的重要组成部分（齐建国，2014），而“生态优先，绿色发展”更是长江经济带发展的基本之路，因此，生态环境是城市群可持续发展的重要基本要素之一。其次，对于城市群而言，综合交通是要素自由流动的基础保障（Heaver，2001；刘玥，2007；金宇超等，2016）。学术界认为，协同是城市群共同发展的趋势，城市群之间通过协同竞争可达到双赢（Dong－Wook Song，2002），而城市群之间通过功能组合、结构调整和资源整合、发展综合交通联运、构建综合物流节点体系等有利于实现城市群的可持续发展。最后，城市群系统的协同发展实质上是推动区域内生产要素的自由流动。学术界分别从金融市场、劳动力市场、技术市场和产权市场等

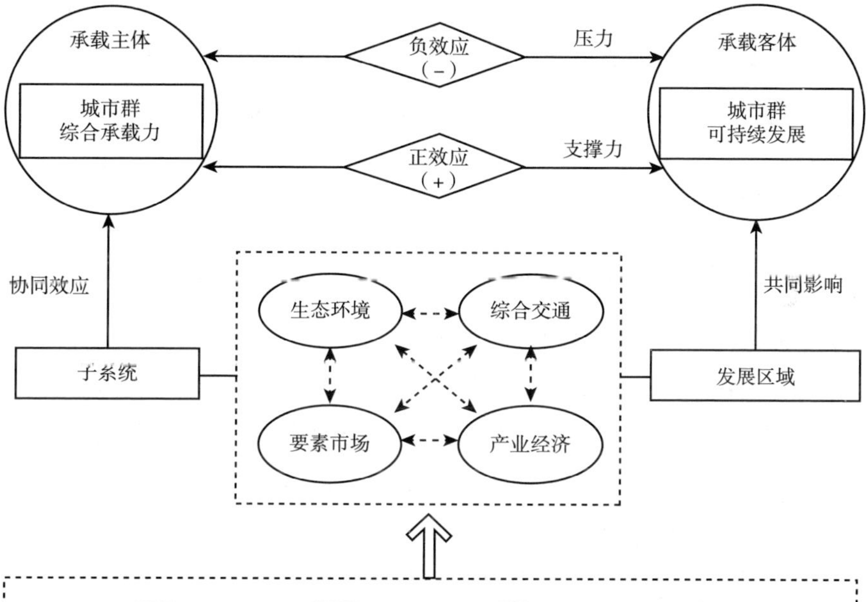

图 3.1　城市群综合承载力概念模型图

角度探讨了要素市场发展对城市群区域范围内要素优化配置的积极作用（Asheim and Coenen，2005；严善平，2006）。此外，城市群的发展应基于上下游产业链关系，形成“空间的分工”（刘玥，2007）。城市群之间的产业联动发展可以通过地区产业转移、区域产业联盟等得以实现（叶森和曾刚，2012；胡艳等，2016）。

综上所述，本书的城市群综合承载力概念模型从影响城市群发展的各项要素出发，分析城市群综合承载力系统主要包括四大子系统即生态环境子系统、综合交通子系统、要素市场子系统及产业经济子系统，四大子系统协同作用于城市群综合承载力系统，共同影响城市群的可持续发展。基于现有文献研究（见表3.1，指标来源参考文献），对四大子系统展开要素剖析，本书认为四大子系统包含了水资源，环境，水运，陆运，人口，资本，土地，经济，产业共计9大领域。除此之外，需要说明的是，首先，为凸显长江经济带流域性城市群的特异性，领域层的构建凸显了水资源、水运等特有要求；其次，由于相关统计年鉴中较多城市缺少空运的相关数据，因此本书的综合交通子系统中未涉及空运承载能力；再次，对于要素市场子系统，包含了人口、资本、土地三大要素，且资本具体涵盖了人力资本、技术知识及金融资本；最后，对于产业经济子系统，本书将其领域层划分为经济总量和产业结构两大领域。

（二）承载主体和承载客体之间的联系

承载客体即城市群的可持续发展发展（人类活动和社会经济发展）对承载主体有正面影响（+）或负面影响（-），即城市群的发展会对城市群综合承载力产生正效应或负效应，效应为正，说明城市群的发展增强了城市群综合承载力，效应为负，说明城市群的发展对于城市群综合承载力产生了负面的压力，会削弱城市群综合承载力。在城市群的不同发展阶段，影响城市群发展的各项要素对城市群综合承载力会产生不同的效应，例如，在城市群发展的起步阶段，城市群发展的状态型要素（如资本投资、自然资源供给等）对承载主体产生正向影响，并对承载主体系统提供支撑力（Botton，2002）。但在经济快速增长的时期，城市群快速发展会导致人口过密、资源需求量大、环境污染加剧、基础设施滞后、交通过度拥挤、公共服务供给不足等城市群发展瓶颈问题，这些压力型因素的出现，导致城市群综合承载力的削弱，进而制约城市群的可持续发展。本书中城市群综合承载力系统是一个具有恢复能力和承载阈值范围的综合系统，其承载力恢复的门槛是有限的，而外部压力可能是无限的，但是只要压力在其恢复阈值范围内，城市群综合承载力系统就会保持对城市群可持续发展的可承载水平和能力。一般而言，城市群综合承载力系统不仅受各个子系统的直接影响，而且更受制于各个子系统的综合协同作用影响。基于城市群综合承载力系统与城市群可持续发展之间的相互作用和逻辑因果关系，我们将城市群综合承载力定义为一个弹性阈值，城市群综合承载力系统可以支撑城市群的可持续发展，并在一定时期内不对城市群综合承载力系统的结构和功能造成明显破坏。

（三）城市群综合承载力的系统结构分析

如城市群综合承载力的概念模型所示（见图 3.1），城市群发展的各项要素会对城市群综合承载力产生综合的正面影响和负面影响，反映在影响城市群发展的各项具体要素上，我们划分其为状态型要素和压力型要素，状态型要素有助于提升城市群综合承载力，压力型要素则会对城市群综合承载能力的提升施加压力，他们共同影响着城市群综合承载力系统。而大多数研究都使用状态型和压力型因素来表述对城市群综合承载力系统的正面和负面影响，并做出相对综合全面的评价分析（Carey，1993；Sarma et al.，2012；Wei et al.，2015）。然而，由于城市群发展阶段的不同，对城市群发展能力产生影响的各项要素可能会从状态型要素转变为压力型要素，因此，对于城市群而言，特别是发展不平衡的城市群而言，状态型要素可以清晰地反映支撑城市群发展的承载能力，而不会受压力型指标的负向影响（Liu and Borthwick，2011）。综上所述，本书将传统的城市群综合承载力系统结构剖析为反映对城市群发展产生负向影响即压力作用的城市群压力型综合承载力（UPCC）和支撑城市群发展的城市群状态型综合承载力（USCC）（图 3.2）。特别对于城市群状态型综合承载力评价模型而言，它能够清晰、真实地评估支撑城市群发展的承载能力状况，而不会受到压力型要素的负向影响，因此，本书在分析传统城市群综合承载力的基础上，进一步研究了城市群状态型综合承载力（USCC），以更为深入地研究城市群的可持续发展。

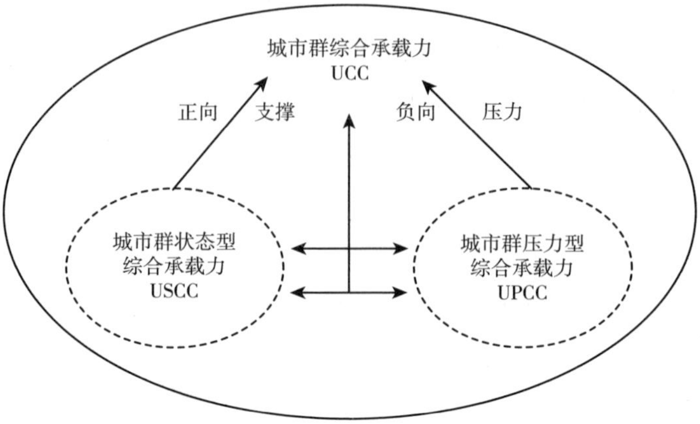

图 3.2　城市群综合承载力系统结构图

二、经济增长与城市群综合承载力的理论机理分析

对于一个城市群而言，可持续发展也就是经济、社会、资源、环境等城市群发展要素相协调的发展。而分析环境、能源等和经济增长之间的相互影响和作用机制对于增强经济增长的效能、实现城市群可持续发展具有重要的理论意义和现实意义。本书通过梳理经济增长与可持续发展和城市群综合承载力与可持续发展之间的逻辑关系，来展开经济增长与城市群综合承载力之间的理论机理分析，为进一步研究城市群综合承载力、实现城市群的可持续发展提供理论基础。

（一）经济增长和可持续发展

20 世纪 90 年代初，美国学者 Grossman and Krueger（1995）发现，当一个国家经济发展水平较低的时候，环境污染的程度较轻，而随着经济的发展，人均收入的增加，环境污染的程度会逐渐开始加深，并随着经济增长而逐渐恶化；但是，当经济发展达到一定水平后，随着人均收入的进一步增加，环境污染不再随着经济的增长而逐渐恶化，环境质量逐渐得到改善，总体呈现倒“U”形曲线关系，这种现象就称为环境库兹涅茨曲线（Environmental Kuznets Curve，EKC）。此后，国内外大量学者围绕 EKC 开展了大量的研究（Dasgupta et al.，2002；Copeland et al.，2004），特别关注于环境污染、能源消耗和经济增长的研究（Brock and Taylor，2005）。EKC 直观地表达了经济增长与环境污染之间的关系，在一定程度上可以反映经济增长对城市可持续水平变化的影响，但仅仅研究与污染物排放相关的指标并不能够完全体现人与自然可持续发展的内涵（黄洵和黄民生，2015）。一方面，关于 EKC 的实证研究，往往会因环境污染指标选取的不同而导致结论出现较大偏差（王敏和黄滢，2015），且经济的高速发展并不一定加剧环境污染，相反也可以弱化环境污染压力（洪大用，2012）。另一方面，城市群是一个由环境、经济、社会等要素互相作用、互相制约而构成的庞杂系统，在实现城市群可持续发展的进程中，需研究如何改善生态环境、缓解人口压力等问题以实现环境、经济、社会的协调发展（彭程和陈志芬，2015）。因此，对于城市群可持续发展问题的研究，应构建一个综合衡量城市群可持续发展水平的指标，并对其和经济增长之间的相互关系展开研究，从整体上分析经济增长和城市群可持续发展之间的动态机制，实现城市群的可持续发展。

（二）城市群综合承载力与可持续发展

可持续发展被联合国环境与发展委员会定义为："既能够满足当代人的需要，同时又不对后代人满足其需要的能力造成危害的发展"（WCED，1987）。之后，国内外学者展开了关于可持续发展问题的大量研究（IUCN et al.，1991）。其中，关于如何衡量可持续发展这一问题，一方面，一些机构如经济合作与发展组织（OECD）、可持续发展委员会（UNCSD）及世界贸易组织（WTO）构建了评价指标体系，主要涉及自然环境如大气、水、森林及生物多样性等方面。关于评价和度量可持续发展的研究方法主要有：能值分析法、指标体系综合评价法、生态足迹法、数据包络分析法、环境可持续性指数法等（郝翠等，2010；黄洵和黄民生，2015）。另一方面，Wei et al.（2016）分析认为，对于明确定义和识别增长的极限以实现可持续发展这一问题尚未有清晰的概念，但是，有大量学者从承载力角度出发衡量城市的可持续发展能力。Carey（1993）认为承载力的研究是深化分析如何度量和评价可持续发展这一问题的核心途径之一。Daily and Ehrlich（1996）强调以承载力为基础是实现可持续发展的充分必要条件。Graymore et al.（2010）认为承载力问题的研究是实现可持续发展的基础和门槛。Liu and Borthwick（2011）研究认为对于准确评定一个城市的可持续发展能力，城市承载力的概念提供了具体的评估方法和可以衡量的指标体系。Sarma et al.（2012）认为承载力的研究对于城市的可持续发展有着重要的指引作用。中国学者吕光明和何强（2009）强调可持续发展必须以承载力为基础，实现资源、环境、人口和经济四个子系统之间的互相协调，且承载力拥有可持续发展思想所不具备的额外优势，即传递可计算性和精确性。陈金英等（2013）认为研究城市承载力的意义在于实现城市的可持续发展。陆大道（2015）研究发现长时期的高速经济增长会使中国的环境和生态系统承受越来越大的压力，同时，建立在高耗能高污染基础上的高速经济增长模式及大规模空间扩张的城市化发展是不可持续的。

基于上述分析，我们从系统论的角度来看，经济增长——城市群综合承载力——可持续发展是一个复杂系统，城市群综合承载力所包含的各项要素作为城市群可持续发展的基础，投入到经济增长的过程中，同时，经济增长会引起城市群综合承载力的动态演替，这样就形成了三者间复杂的大系统。资源和环境等是城市群发展的硬件支撑要素，经济增长和城市化也直接关乎城市群的发展模式，而这些共同决定了城市群是否能够实现可持续发展。因此，在分析城市群可持续发展问题时，只分析资源消耗、环境污染等要素和经济增长之间的关系是不全面的，必须将经济增长及支撑城市群发展的各项要素纳入同一分析框架，阐明生态环境、综合交通、要素市场等支撑城市群发展的系统现状和潜在能力，解释经济增长与城市群综合承载力之间的互动机制，为实现城市群的可持续发展奠定理论基础。

同时，城市群综合承载力所包含的生态环境、综合交通、要素市场等支撑经济增长的硬件系统，是构成城市群综合承载力系统的典型子系统。在经济增长的初期，城市群综合承载力的各项支撑要素会随着经济的发展不断增强，但随着经济增长的不断加快甚至是过快增长，会导致城市群的发展进入与其承载能力相关的中心区人口过密、自然资源短缺、环境污染加剧、基础设施滞后、公共服务供给不足等城市发展瓶颈，导致了社会经济和人与自然关系等方面出现严重的不协调，制约了城市群的可持续发展。因此，经济增长与城市群综合承载力之间的逻辑关系可以概括为：一方面，城市群综合承载力作为经济增长及可持续发展的支撑系统（如图 3.3 所示），各子系统共同影响着经济的增长速度和发展模式；另一方面，经济增长作为推动城市群综合承载力动态演替及可持续发展实现的动力系统，其速度和结构的发展变化共同影响着城市群综合承载力。城市群的可持续发展须以实现城市群综合承载力所包含的人口、资源、环境等要素与经济增长之间的协调发展为基础。

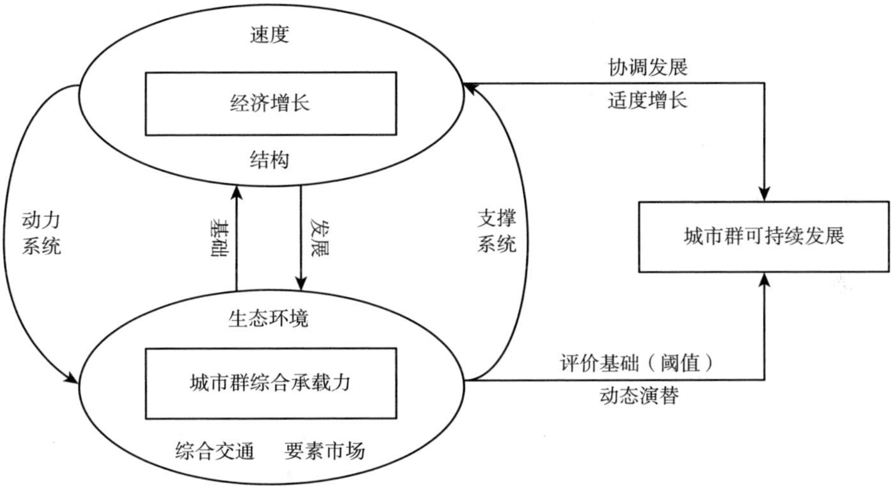

图 3.3 城市群综合承载力、经济增长和可持续发展

第二节 城市群综合承载力评价模型构建

一、城市群综合承载力评价模型建立的一般过程与方法

（一）城市群综合承载力的评价对象

城市群综合承载力评价对象依据尺度大小不同可以分为城市群整体尺度、各子城市群尺度、各城市尺度。城市群综合承载力评价对象依据自身属性不同，可以分为资源、生态、环境、经济、社会、科教等方面。

(二) 城市群综合承载力的评价指标体系框架

当前城市群综合承载力评价指标体系框架主要可以分为两大类：城市群发展硬件承载力框架和城市群发展软件承载力框架，其中硬件承载力框架主要包括自然资源、生态环境等约束型承载力（陈金英等，2013），这类承载体在理论上存在阈值（上限值），但是可以通过在城市群范围内对资源的合理调配、对生态环境的保护使其承载体的现实承载能力不断加强以接近其理论阈值；而软件承载力框架主要包括基础设施、公共服务等可变型承载体，这类承载力可以通过增加供给、空间配置而发挥其正外部性，以增强城市群综合承载力。一般的城市群综合承载力评价指标体系的构建方法有目标分解法、系统分解法及综合归纳法。经济合作与发展组织在 1993 年提出压力 - 状态 - 响应（PSR）模型，是综合承载力的一个经典模型。1997 年，联合国环境规划署和美国非政府组织构建了经济、社会与环境三系统模型（GRI，2006）。随后，联合国可持续发展委员会又构建了一个通用的可持续发展指标分析框架，用以评价各国政府实现可持续发展目标的进程，这个框架由社会、经济、环境和制度四大系统组成（Commission on Sustainable Development，2001）。此后，很多学者构建城市群综合承载力的评价指标体系框架也以此框架为基础。

(三) 城市群综合承载力评价指标的选取

一般来说，评价指标的选取有两种方法：一是自上而下法，即首先由专家和学者界定研究框架和评价指标集，再由决策者和公众根据研究问题及研究区域的实际情况进行修改；二是自下而上法，此方法由公众和决策者共同确定评价指标体系及相应的研究框架，再咨询相关学者以进行进一步的修改。而指标选择原则涉及科学性、可行性、简便性、独立性、完备性、层次性、稳定性等原则（Liu，2012；Tian and Sun，2018；曹斌等，2010）。

(四) 城市群综合承载力指标的计算

城市群综合承载力评价指标体系的计算一般包含三个部分内容：指标标准化、指标权重赋值以及指标的合成。

指标标准化指对不同量纲的指标进行无量纲化处理（Wei et al.，2016），以使不同量纲的指标可以进行比较分析和计算。具体包括五大步骤：指标的标准化、除指标均值、减指标均值除自身、减指标均值除标准差、减最小值除最大最小值之差。

指标权重赋值是城市群综合承载力指标体系计算的核心内容。权重赋予的机制是否科学会直接影响综合评价指数的可应用型及准确性。权重是指单项评价指标在整体评价体系中的相对重要程度。目前主要的权重赋予法包含专家咨询法、熵权法、层次分析法（AHP）、主成分分析法、因子分析法及平均赋权法等。熵权法是基于信息熵理论，指标权重是根据信息量提供的数据而确定的，具有较为客观和准确的值。专家咨询法是在构建了评价指标体系的基础上，通过征询相关学者的意见，对指标体系进行一定的调整（曹斌等，2010）。层次分析法（AHP）是20世纪70年代中期美国运筹学家萨迪（Saaty）所研究出来的一种定量与定性相结合的，系统化、层次化的层次权重决策分析方法。目前层次分析法是构建城市群综合承载力评价指标体系最常用的方法之一。本书在熵权法、专家咨询法以及层次分析法的基础上，展开对城市群综合承载力指标体系的计算。

指标的合成也是城市群综合承载力指标体系计算必不可少的一部分。常用的指标合成法包括主成分分析法、加权总和、加权算数平均、总和等。

（五）综合评价指标的检验

任何一个综合评价指标体系在构建起来以后都需要做相应的测度准确性和敏感性检验（稳健性检验）。数据的质量、指标体系框架的构建和指标权重赋予的合理性是影响综合评价是否合理准确的关键要素。数据的质量取决于数据来源、数据的选用、数据的完备性、可行性以及数据缺失的弥补方法等原因（Sing et al.，2009）。为了能够较为准确、灵敏地测度评价对象，综合评价指标在建立起来以后需要接受检验，并进行相应的校正和改进，即稳健性检验。城市群综合承载力评价模型建立的一般过程与方法总结如图3.4所示。

（六）城市群综合承载力评价模型

城市群综合承载力评价模型应该在不失去关于子系统的关键信息的情况

下实现其整体可持续性（Bossel，2000；Graymore et al.，2010），同时，理想的评估框架应为城市规划者和管理者建立可量化的标准，以应用于日常城市管理的监测和评估（Lee，2006），并易于学术界，政府机构，专业人士和其他利益相关者之间的理解和沟通。以下阐述了目前几种常用的城市层面的评估承载力的模型，以及各个模型的优点和局限性：

指标——基准比较（IBC）模型：是评价承载力的传统评估模型之一（Yu and Mao，2002；Oh et al.，2005；Graymore et al.，2010；Liu，2012；Shi et al.，2013），该模型评估的逻辑较为清晰易于理解。由于评估是以单个指标为基础的，因此可以在阈值范围内，可量化标准或自行制定的标准中比较承载能力值（Joardar，1998；Liu and Borthwick，2011）。

压力—状态—响应模型（PSR 模型）：是一个可较为灵活地用于不同目的和特定功能的有助于选择和组织指标的有效模型，它有助于解决社会与自然之间不充分和模糊的物理联系问题。由经济合作与发展组织于 1993 年提出，它提供了一个社会经济框架来跟踪环境退化的因果关系过程。环境问题的起因和结果如下：人类活动对环境产生负面“压力”，如环境污染和资源枯竭（“状态”）。环境问题破坏了人类健康和生活质量，会引起人类对此做出“响应”，以防止或减轻环境，社会和经济问题（Spiegel et al.，2001）。该模型强调了生态、物理、经济等问题之间存在的因果关系。实际意义在于它提供了一个有效的框架来识别和组织相应的指标，并确保不会忽视任何重要因素。此后，基于 PSR 模型，Smeets et al.（1999）提出了 DPSIR 模型（环境影响的驱动 - 压力 - 状态模型），该模型是 PSR 模型的扩展，现已被许多环境组织采用。

层次分析法（AHP）模型：层次分析法模型是在层次分析法的基础上发展起来的，是指在不同层次上进行要素分析以分层次构建评估模型，每个层次由有限数量的决策要素组成（Singh et al.，2007；Hosseini and Kaneko，2011）。层次结构的最高层代表层为总体目标，而最低层次则包含所有可能的选择（Aguaron et al.，2003），通过运用定性指标模糊量化法得到层次单排序以及总排序，以构建一个多指标、多方案系统优化决策模型。这种模型结合了定性和定量分析，并且可以提供多维和多标准的分析（Tian and Sun，2018）。

IPAT 模型：Commoner（1992）基于生态学家、生物学家等所提出的用数学模型来分析人口、财富和环境之间关系的概念，构建了经典的 IPAT 模型，“I”表示对于环境的影响，“P”表示人口数量，“A”表示人类生活即人均消费或人均生产，“T”表示为单位能耗或单位生产总值所产生的环境影响，公式表示为 $I = P \times A \times T$。该模型最初用于评估人口增长对环境的影响，有助于理解人类和自然系统的动态耦合，现已被广泛用于研究环境、经济发展、人口和技术进步之间的相互影响作用（Sarma et al.，2012）。它提供了一个有用的框架来计算人类活动对环境影响的一般承载能力（Wetzel and Wetzel，1995），有助于理解每个因素的不同影响，但是，它无法确定每个决定因素的可持续性限制或者发展阈值问题。

能耗分析模型：基于热力学和一般性系统理论，能耗分析模型融合了生态因素和经济因素（Campbell，1998；Odum，1994）。它全面量化了自然资本和生态过程对人类活动的贡献度，重点分析了能量的有限性。通过探索能够支持可持续的经济活动规模的能耗阈值，以分析特定区域的人类活动的极限值。这种模型多运用于在宏观经济范畴内确定经济－环境的相对重要性。但其与其他学科相关概念的联系薄弱且缺乏一般化的评估方法。

生态足迹模型：Rees and Wackernagel 在 20 世纪 90 年代提出这种模型作为环境建模的传统技术。它是评估区域水平承载能力的最广泛使用的模型（Lane，2010；Sarma et al.，2012）。该方法评估维持一个区域发展所需的土地面积，包括资源消耗要求和污染同化，并将其与生态生产用地的可用性进行比较。土地利用包括六大类，即环境绿化，化石能源利用，建筑环境，牧场，农田和森林（Graymore et al.，2008）。数据是根据土地使用情况编制的，包括食品，运输，住房，家庭消费和政府支出。生态足迹由统一单位测量，即具有所谓的“全球公顷”来展开承载能力的评估（Sarma et al.，2012）。人均生态足迹可用于评估可持续性发展的条件。“生态剩余”是指一个地点的生态足迹低于其承载能力的情况。相反，如果生态足迹超过承载能力，即当地居民必须使用来自其边界外部的资源，即该区域将遭受“生态赤字”。该方法更适用于全球层面，但不适用于人口集中区域（Fiala，2008）。

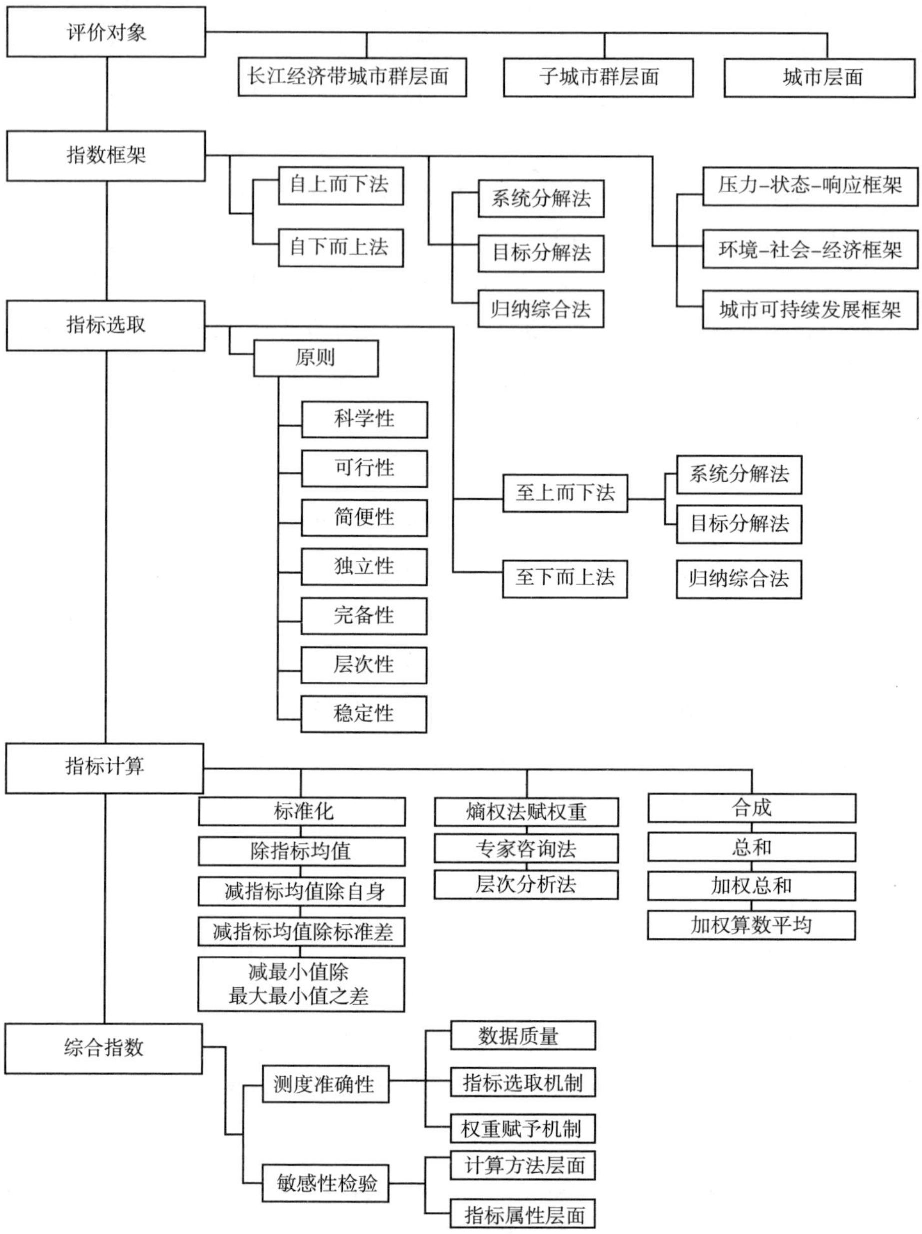

图 3.4　城市群综合承载力评价模型建立的一般过程与方法

二、城市群综合承载力的评价模型构建

关于城市群综合承载力（UCC）评价指标体系的研究，参考不同的分析对象（Liu，2012）或要素分析结构（Ma et al.，2017），目前尚未形成明确的评价指标体系框架。评价指标通常来自生态学，经济学和其他社会发展要素（Retzer and Reudenbach，2005；Downs et al.，2008）。如表 3.1 所示，本书研究基于指标—基准比较（IBC）框架模型和层次分析法（AHP）的模型，为了构建一个多视角、多层次的评估模型，将评价指标体系划分为四个层次（综合目标层，子系统，评价领域层和基础指标层）。该指标体系从影响城市群发展的生态环境、综合交通、要素市场、产业经济四大领域出发，包含了水资源，环境，水运，陆运，人口，资本，土地，经济，产业共计 9 大维度，下设共 39 个基础指标（见表 3.1）。

需要说明的是，第一，为凸显长江经济带流域性城市群的特异性，领域层的构建凸显了水资源承载力（X1 - X4）、水运承载力（X9 - X10）等特有要求；第二，由于相关统计年鉴中较多城市缺少空运的相关数据，因此本书在综合交通子系统中未构建关于衡量空运承载能力的相关指标；第三，对于要素市场子系统，本书中资本承载力包含了人力资本（X23 - X26）、技术知识（X27）及金融资本（X28 - X29）；第四，对于产业经济子系统，本书将其领域层划分为经济承载力和产业承载力两大领域，其中一方面，经济承载力包含了经济规模和经济增长两个方面，为消除价格水平对经济因素的影响，本书运用 GDP 平减指数对人均 GDP 进行了消胀处理，而另一方面，产业承载力则反映了产业结构优化程度的问题，经济承载力和产业承载力共同反映了经济发展的承载能力；第五，基础指标对承载力系统产生不同程度的正（+）负（-）效应，效应为正会增强承载力，效应为负会削弱承载力，基础指标对承载力系统产生的正负效应依据指标层对领域层的影响所设定。

表 3.1 城市群综合承载力评价指标体系

综合目标层	子系统（权重）	领域层（权重）	基础指标（单位）	权重①	效应	指标来源参考文献
综合承载力	生态环境（0.17）	水资源承载力（0.07）	X1 – 人均水资源量（万吨）	0.02	+	Aspeslaugh，1994；Abernethy，2001；Button，2002；Rice，2003；NOAA，2004；Miao et al.，2006；Goyal and Chalapati Rao，2007；Gong and Jin，2009；Liu and Borthwick，2011；Sarma et al.，2012；Wang and Xu，2015；Zhang et al.，2015；etc. 刘晓丽、方创琳，2008；徐盈之、孙剑，2009；黄常锋等，2010；熊建新等，2012；何雄伟，2014；彭璇等，2015；李佳佳、罗能生，2016；雷勋平、邱广华，2016；等。
			X2 – 人均综合用水量（万吨）	0.01	–	
			X3 – 污水处理率（%）	0.01	+	
			X4 – 人均污水排放量（m^3）	0.03	–	
		环境承载力（0.10）	X5 – 人均工业烟（粉）尘排放量（吨）	0.02	–	
			X6 – 人均绿地面积（km^2）	0.03	+	
			X7 – 建成区绿化覆盖率（%）	0.02	+	
			X8 – 生活垃圾无害处理率（%）	0.03	+	
	综合交通（0.18）	水运承载力（0.02）	X9 – 水运货物运量（万吨）	0.01	–	Hardin，1986；Sarma et al.，2012；Jiang et al.，2017；etc. 吕斌等，2008；傅鸿源、胡焱，2009；刘惠敏，2010；阎东彬，2015；曾鹏等 2015；等。
			X10 – 水运旅客运量（万人）	0.01	–	
		陆运承载力（0.16）	X11 – 铁路货物运量（万吨）	0.02	–	
			X12 – 铁路旅客运量（万人）	0.02	–	
			X13 – 公路货物运量（万吨）	0.02	–	
			X14 – 公路旅客运量（万人）	0.02	–	
			X15 – 民用汽车拥有量（万人）	0.02	–	
			X16 – 每万人拥有公共汽车（量）	0.02	–	
			X17 – 人均城市道路面积（m^2）	0.02	+	
			X18 – 人均公路里程（km）	0.02	+	

① 本表中权重的具体计算方法见本书第四章第一节第一小节，评价方法。

续表

综合目标层	子系统（权重）	领域层（权重）	基础指标（单位）	权重	效应	指标来源参考文献
综合承载力	要素市场（0.45）	人口承载力（0.12）	X19 – 人口自然增长率（%）	0.04	–	Godschalk and Axler，1977；Aspes-laugh，1994；Onishi，1994；Campbell，1998；Joard-ar，1998；Yuand Mao，2002；Oh et al.，2005；Rengasamy，2009；Sarma et al.，2012；Wei et al.，2015；etc. 曾鹏等，2010；孙钰、李新刚，2013；石忆邵，2013；任乐，2015；孙慧、刘媛媛，2014；程广斌等，2015；等。
			X20 – 市辖区年均人口数（万人）	0.02	–	
			X21 – 每万人拥有医院床位数（床）	0.03	+	
			X22 – 每千人拥有医生数（人）	0.03	+	
		资本承载力（0.29）	X23 – 普通高等学校数目（所）	0.06	+	
			X24 – 中小学学校数目（所）	0.02	+	
			X25 – 平均高校教师数量（名）	0.05	+	
			X26 – 普通高等学校在校学生数（万人）	0.05	+	
			X27 – 人均国内专利授权数量（件/人）	0.02	+	
			X28 – 人均各项存款余额（元/人）	0.04	+	
			X29 – 人均各项贷款余额（元/人）	0.05	+	
		土地承载力（0.04）	X30 – 人均行政区域土地面积（m^2）	0.02	+	
			X31 – 人均城市建设用地面积（m^2）	0.01	–	
			X32 – 人均居住地面积（m^2）	0.01	–	
	产业经济（0.20）	经济承载力（0.13）	X33 – 人均社会消费品零售总额（元/人）	0.03	+	Button，2002；Bowen and Riley，2003；Shi et al.，2004；Liu and Borthwick，2011；Jiang et al.，2017；etc. 孙钰、李新刚，2013；狄乾斌、韩帅帅，2015；任媛、蔡翼飞，2016；等。
			X34 – 人均固定资产投资完成额（元/人）	0.03	+	
			X35 – 人均规模以上工业利润总额（元/人）	0.03	+	
			X36 – GDP 增长率（%）	0.01	+	
			X37 – 人均 GDP（元）	0.03	+	
		产业承载力（0.07）	X38 – 第二产业占 GDP 比重（%）	0.03	+	
			X39 – 第三产业占 GDP 比重（%）	0.04	+	

三、城市群状态型综合承载力的评价模型构建

引入指标—基准比较（IBC）框架模型和层次分析法（AHP）模型来构建本书的城市群状态型综合承载力（USCC）评价指标体系（见图3.5）。根据指标选择的一般原则，参考相关的研究文献（Feng et al.，2009），我们选取了本书所构建的城市群综合承载力评价指标体系（见表3.1）中的24项效应为正的基础指标（见图3.5）。所有这些基础指标均为状态型承载力指标，为评估USCC的价值做出了积极的贡献。根据各项指标的属性，运用层次分析法将24项效应为正的基础指标归为生态环境（EE），交通基础设施（TI），要素市场（FM）和产业经济（IE）四个子系统。分类后，状态型因素及各因素的协同效应可以在不同的子系统角度得以体现，并以此构建长江经济带城市群USCC评价框架，具体如图3.5所示。

第一，生态环境（Ecological environment）。

生态环境是支持城市群可持续发展的重要基础子系统。作为流域性城市群，长江经济带城市群应该高度重视其自净和环境修复的能力（Wang and Xu，2015）。本书将与水资源和环境有关的基础指标归于生态环境子系统，如人均水资源量和污水处理率。前者可作为生态环境的自然属性，后者则反映受人类活动影响的生态修复能力（Liu et al.，2010；Ma et al.，2017）。

第二，交通基础设施（Transport Infratructure）。

作为推动"一带一路"全球合作倡议的重要开放区域之一，长江经济带城市群获得了大量对外联系和内部沟通的机会。因此，对于这样一个开放的城市群系统而言，交通基础设施的承载力状况比其他基础设施承载力在城市群的联动发展中显得更为重要。因此，本书仅选用交通基础设施承载力来代表传统UCC系统中基础设施承载力子系统。本书使用人均城市道路面积和人均公路里程作为交通基础设施子系统的代表指标（Hardin，1986；Jiang et al.，2017）。同时，由于相关统计年鉴中较多研究样本城市缺少空运和水运的相关数据，因此，本书在构建USCC模型中的交通基础设施子系统时，未构建关于衡量空运和水运承载力的相关指标。

第三，要素市场（Factor Market）。

要素市场子系统可以通过劳动力，技术转换，金融资本，土地和其他公共资源等要素的市场发展来支持长江经济带城市群的生产力。由于这些要素的可再生能力，这些要素有能力在没有外力影响的情况下保持自身可持续发展（Rengasamy，2009）。特别是对于开放的城市群而言，自然资源对单个城市承载力的影响正在减弱，而人力资本，技术因素和金融资本正变得越来越重要（Sarma et al.，2012）。因此，本书在评估体系中较多地选择了要素市场中所包含的指标，这些要素将对 USCC 系统产生积极影响。

第四，产业经济（Industrial Economy）。

根据城市发展水平，产业经济子系统为城市人口的生活提供了极大的支持（Ma et al.，2017）。根据对经济增长的广泛研究，产业经济承载力的增强不仅表现为经济规模较大或经济增长较快，而且还表现为较高质量的发展模式，这在很大程度上取决于产业结构的升级和优化（Jiang et al.，2017）。因此，本书的 USCC 模型中的产业经济子系统选用了一些能够反映经济规模，产业结构和其他社会经济活动状况的基本指标。

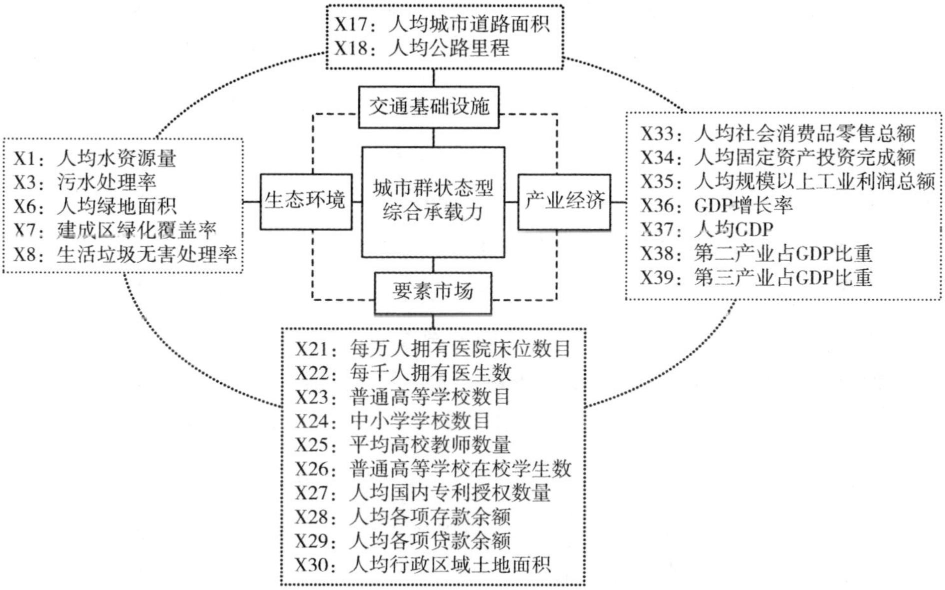

图 3.5　城市群的 USCC 评价指标体系框架图[①]

① 图 3.5 中指标符号与表 3.1 中的指标符号相对应。

| 第四章 |

长江经济带城市群综合承载力的评价研究

长江经济带城市群是实现中国经济和生态目标的战略发展的先导区域。由于长江经济带城市群覆盖面积广、人口众多，因此不平衡的城市群可持续发展现状不容忽视，在长江经济带城市群快速发展进程中，应该更加重视对其城市群的综合承载力状况及其可持续发展能力的评价和研究。

因此，本章一方面从长江经济带城市群整体（层次 1），长江经济带五大子城市群（层次 2）及其所包含的 86 个主要城市（层次 3）三大层次出发，运用一系列的描述性统计方法、空间统计分析方法与动态连续评估方法，展开多尺度、多层面的综合评价；另一方面，本章进一步采用城市群状态型综合承载力（USCC）指数来客观评价长江经济带城市群可持续发展的支撑能力，以进一步分析传统的 UCC 的系统结构。本章科学评价研究长江经济带城市群综合承载力，力图透析长江经济带城市群可持续发展的现实基础。

本章的其余部分主要分为两个部分：第一部分阐述了长江经济带城市群综合承载力的评价与结果分析。第二部分展开了对长江经济带城市群状态型综合承载力的评价与结果分析。

第一节　长江经济带城市群综合承载力的评价方法、研究对象及数据来源

一、长江经济带城市群综合承载力的评价方法

评估城市群综合承载力涉及三个步骤：无量纲标准化，权重计算和指标评估。

第一步，本书采用无量纲标准化方法（Wei et al.，2016）来对指标的原始数据进行预标准化处理，以消除基础指标的正负效应，使各指标具有可比性①。

对于“正效应指标”组，数据由公式（4.1）转换：

$$x_{ij}^{*} = [x_{ij} - \min(x_{.j})]/[\max(x_{.j}) - \min(x_{.j})] \quad (i = 1,2,\cdots,I; j = 1,2,\cdots,J) \tag{4.1}$$

对于“负效应指标”组，数据由公式（4.2）转换：

$$x_{ij}^{*} = [\max(x_{.j}) - x_{ij}]/[\max(x_{.j}) - \min(x_{.j})] \quad (i = 1,2,\cdots,I; j = 1,2,\cdots,J) \tag{4.2}$$

其中，下标 i 是指第 i 座城市；j 是指第 j 项指标；$\min(x_{.j})$ 和 $\max(x_{.j})$ 分别指所有城市中指标 j 的最小值和最大值；x_{ij}^{*} 是城市 i 的指标 j 的归一化值。无量纲标准化后，每项指标都位于区间［0，1］内，且具有不同属性的基础指标具有一致性和可比性。

第二步，本书引入改进熵值法（IEM）（Chen et al.，2015）来确定每个指标的权重。基于信息熵理论，指标权重是根据信息量提供的数据而确定的，具有较为客观和准确的评价值。由于传统的熵值法在计算中没有考虑原始数据所存在的负值和极值，因此，需要改进传统的熵值法来改善负值指标对整体评估值的影响。IEM 采用最大差异归一化方法，对异常值的影响进行修正，以使得评估结果更加有效。接下来，使用上面经过无量纲标准化的x_{ij}^{*}值来确定指标权重。

---

① 对于 USCC 而言，只运用公式（4.1）对原始数据进行预标准化处理。

计算过程由以下四个步骤组成：

步骤 1：指标定量化，计算指标x_{ij}的比重p_{ij}，其中 $p_{ij} = x_{ij} / \sum_{i=1}^{t} x_{ij}$；

步骤 2：计算第 j 项指标的熵值e_j，其中 $e_j = -\frac{1}{\ln m}\sum_{i=1}^{t} p_{ij}\ln p_{ij}, 0 \leqslant e_j \leqslant 1$；

步骤 3：计算第 j 项指标的差异性系数g_j，如果熵值e_j较大，则差值较小，该指标的影响力较弱，其中$g_j = 1 - e_j$；

步骤 4：计算指标x_j的权重 $w_j = g_j / \sum_{j=1}^{p} g_j$，其中所有指标权重和为 1。

表 3.1 列出了所有基础指标的权重值。

第三步，本书构建了一个城市群综合承载力评估模型。利用多目标线性求和法（Shao 和 Matthias，2016）计算城市群综合承载力及各子系统承载力的评价值。在层次分析法框架中，较高层级的值可以由较低层级来计算。计算公式如下①：

$$C_{ik} = \sum_{j} x_{ij}^{*} w_j \tag{4.3}$$

$$B_{id} = \sum_{k} C_{ik} \tag{4.4}$$

$$UCC_i(USCC_i) = \sum_{d=1}^{4} B_{id} \tag{4.5}$$

（i =1，2，3，…，I；j =1，2，3，…，J；k =1，2，3，…，K；d =1，2，3，4）

其中，C_{ik}是城市 i 的评价区域 k 的值；B_{id}是城市 i 的子系统 d 的价值；UCC_i是城市 i 的城市综合承载力的综合评价值，$USCC_i$是城市 i 的状态型综合承载力的综合评价值。UCC_i或$USCC_i$评价值越高，意味着在城市群发展在不同的空间或时间水平上有更好的可持续性。

二、长江经济带城市群综合承载力的研究对象及数据来源

本书依据国务院印发的《关于依托黄金水道推动长江经济带发展的指导

① 在等式 6 和等式 7 的右边，j 和 k 的值范围相应地取决于它们的左边的更高层次。

意见》，从三个不同的层面评估长江经济带 UCC（USCC）指数，包括长江经济带城市群整体（层次 1），五个主要子城市群（层次 2）及其包含的 86 个样本城市（见表 4.1 和图 4.1）。层次 1 将长江经济带城市群作为一个整体，这个级别的 UCC（USCC）指数表示平均容量，衡量长江经济带城市群整体的可持续发展。层次 2 代表长江经济带城市群所包含的五个主要子城市群。层次 3 是样本城市级别，它通过单个 UCC（USCC）指数来衡量所有 86 个样本城市的容量。表 4.1 显示了长江经济带城市群（层次 1）中的五个主要子城市群（层次 2）及其组成城市（层次 3）。

表 4.1　长江经济带五大子城市群（层次 2）和 86 座样本城市（层次 3）

子城市群（层次 2）	城市数量	样本城市（层次 3）
长三角城市群（Delta）*	28	上海、南京、无锡、常州、苏州、南通、扬州、镇江、泰州、杭州、宁波、嘉兴、湖州、绍兴、舟山、台州、芜湖、马鞍山、安庆、黄山、铜陵、池州、合肥、巢湖、蚌埠、淮南、滁州、宣城
长中游城市群（Middle Reaches）	31	武汉、黄石、鄂州、黄冈、孝感、咸宁、仙桃、潜江、天门、襄阳、宜昌、荆州、荆门、长沙、株洲、湘潭、岳阳、益阳、常德、衡阳、娄底、南昌、九江、景德镇、鹰潭、新余、宜春、萍乡、上饶、抚州、吉安
成渝城市群（Chengyu）	16	重庆、成都、自贡、泸州、德阳、绵阳、遂宁、内江、乐山、南充、眉山、宜宾、广安、雅安、资阳、达州
黔中城市群（Guizhou）	7	贵阳、六盘水、遵义、安顺、毕节、凯里、都匀
滇中城市群（Yunnan）	4	昆明、曲靖、玉溪、楚雄

注：* 括号中为子城市群的缩写表达。

本书的研究时段为 2006 ~ 2014 年，具体数据来源为《中国城市建设统计年鉴》（X1 ~ X18），《中国区域经济统计年鉴》（X23 ~ X29），《中国城市统计年鉴》（X19 ~ X22，X30 ~ X39）①，相关省、直辖市的统计年鉴。大部分指标数据为年鉴中的原始数据，部分由原始数据计算而得，个别缺失数据通过移动平滑法补齐。

① X1 ~ X39 所代表的指标符号与第三章中表 3.1 和图 3.5 中的指标符号相对应。

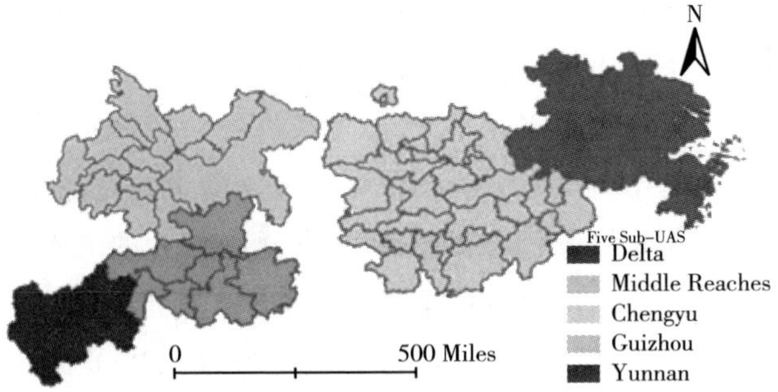

图 4.1　长江经济带五大子城市群和 86 座样本城市

第二节　长江经济带城市群综合承载力的评价与分析

一、长江经济带城市群整体的综合承载力特征及变动趋势

表 4.2 对城市群综合承载力（UCC）的 39 个基础指标（见表 3.1）的统计特征进行了汇总。

表 4.2　城市群综合承载力（UCC）的 39 个基础指标的描述性统计特征

基础指标（单位）	样本数	均值	标准误	最小值	最大值
X1 - 人均水资源量（万吨）	774	98.97	89.00	9.44	1123.67
X2 - 人均综合用水量（万吨）	774	40.41	25.84	2.83	110.99
X3 - 污水处理率（%）	774	73.57	50.44	3.53	100.00
X4 - 人均污水排放量（m^3）	774	73.75	58.75	1.81	508.04
X5 - 人均工业烟（粉）尘排放量（吨）	774	0.27	1.11	6.58	30.10
X6 - 人均绿地面积（km^2）	774	10.84	3.72	0.45	27.26
X7 - 建成区绿化覆盖率（%）	774	38.05	7.14	4.95	77.78
X8 - 生活垃圾无害处理率（%）	774	90.15	17.98	12.06	100.00
X9 - 水运货物运量（万吨）	774	2.70	5.91	0.00	55.59
X10 - 水运旅客运量（万人）	774	148.42	341.61	0.89	3685.16

续表

基础指标（单位）	样本数	均值	标准误	最小值	最大值
X11－铁路货物运量（万吨）	774	0.96	1.89	0.00	16.68
X12－铁路旅客运量（万人）	774	0.97	2.03	0.00	28.17
X13－公路货物运量（万吨）	774	8.98	9.85	0.22	95.01
X14－公路旅客运量（万人）	774	12.59	18.37	0.88	234.14
X15－民用汽车拥有量（万人）	774	427.42	1790.86	10.57	35700.00
X16－每万人拥有公共汽车（量）	774	7.18	4.14	0.32	21.12
X17－人均城市道路面积（m^2）	774	14.16	5.73	2.10	44.53
X18－人均公路里程（km）	774	5.44	3.26	0.48	19.34
X19－人口自然增长率（%）	774	5.09	5.07	－11.10	48.02
X20－市辖区年均人口数（万人）	774	162.29	229.38	19.55	1939.30
X21－每万人拥有医院床位数（床）	774	80.82	78.16	11.14	721.10
X22－每千人拥有医生数（人）	774	3.90	3.55	0.52	28.33
X23－普通高等学校数目（所）	774	9.66	15.95	0.00	122.00
X24－中小学学校数目（所）	774	0.93	0.95	0.10	10.13
X25－平均高校教师数量（名）	774	6.02	11.27	0.00	99.91
X26－普通高等学校在校学生数（万人）	774	42.32	119.97	0.00	881.43
X27－人均国内专利授权数量（件/人）	774	5.95	25.13	0.00	423.69
X28－人均各项存款余额（元/人）	774	130.06	346.75	5.58	5626.40
X29－人均各项贷款余额（元/人）	774	72.91	95.41	2.07	754.46
X30－人均行政区域土地面积（m^2）	774	103.64	117.99	0.32	608.25
X31－人均城市建设用地面积（m^2）	774	0.81	0.40	0.01	2.55
X32－人均居住地面积（m^2）	774	0.25	0.14	0.00	0.90
X33－人均社会消费品零售总额（元/人）	774	38.07	29.66	9.51	219.31
X34－人均固定资产投资完成额（元/人）	774	75.05	59.75	3.25	457.90
X35－人均规模以上工业利润总额（元/人）	774	11.95	19.22	－0.84	409.14
X36－GDP 增长率（%）	774	12.99	2.71	－0.40	25.02
X37－人均 GDP（元）	774	113.86	86.63	0.61	666.83
X38－第二产业占 GDP 比重（%）	774	51.16	7.97	20.71	74.73
X39－第三产业占 GDP 比重（%）	774	36.13	16.15	20.93	43.17

图 4.2 显示了 2006～2014 年长江经济带城市群 UCC 整体（层次 1）的变动趋势。UCC 指数在 2010 年之前呈下降趋势，从 2011～2014 年呈波动中

上升态势。2010年的评价值比2006年的初始UCC指数低近10%，而2014年的评价值略微反弹至32.46，但整体变化趋势呈波动中持续下降。

图4.3显示了各子系统对UCC的贡献度及变动趋势。对生态环境子系统而言，2006~2013年呈下降幅度较大，生态环境2013年的最低点相较于2006年的最高点下降近42%，说明生态环境成为制约城市群综合承载力提升的关键因素，2014年贡献率回升至30%，这与近年来长江经济带的发展整体更加重视生态环境保护有关。综合交通子系统的贡献度2006~2011年呈现出波动中上升态势，2010年综合交通对于UCC系统的贡献度最高为35.9%，而最高点2011年相较于最低点2007年上升了近38%，此后出现了持续的下降趋势，整体发展形势呈现倒“U”形，说明长江经济带城市群交通基础设施建设发展良好，但随着经济社会的快速发展，交通压力不断增大，加强对城市群交通基础设施的投资建设是实现经济社会可持续发展的关键条件。对于要素市场子系统而言，贡献率呈现出较为平稳的波动态势，约在25%左右。对产业经济贡献度而言，2010年贡献度达到最低点，仅为13.3%，这相较于2008年的最高点下降近40%，此后呈回升态势，一方面这与金融危机之后长江经济带产业发展及经济波动有关，另一方面也表明长江经济带要素市场与产业经济的发展还有待于进一步提升。同时，结合图4.2和图4.3可以看出，影响UCC系统的主要是生态环境子系统和产业经济子系统，二者共提供了近60%的贡献率。这一结果表明，城市公共服务设施（如污水处理等）的改善和交通基础设施（如铁路和水运等）的建设为长江经济带的可持续发展提供了较大支持。

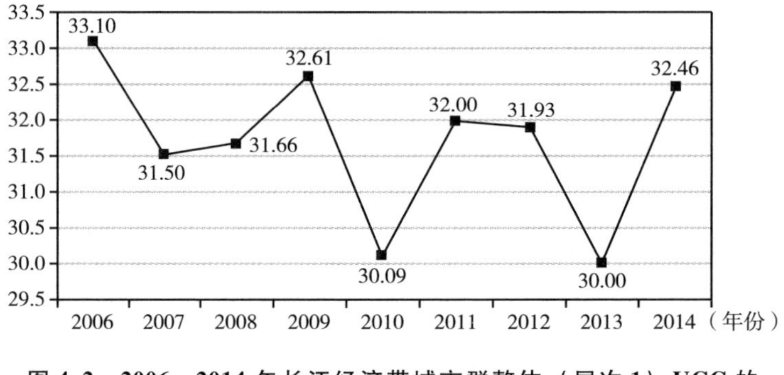

图4.2　2006~2014年长江经济带城市群整体（层次1）UCC的变动趋势（2006~2014年）

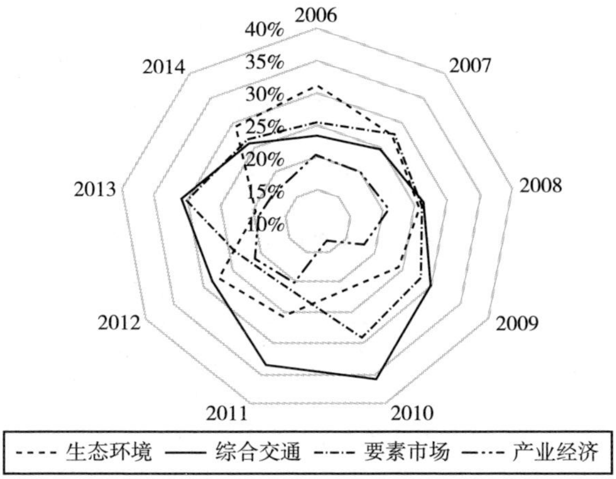

图 4.3　2006~2014 年长江经济带城市群各子系统承载力对综合承载力的贡献度及变动趋势

表 4.3 列出了长江经济带各子城市群的 UCC 及各子系统的评价结果（层次 2），包括五大子城市群（长三角城市群、长中游城市群、成渝城市群、黔中城市群以及滇中城市群）。在 2006~2014 年的整个时期内，长三角和长中游城市群的 UCC 评价值均在 10 以上，远高于其他三个子城市群。同时，黔中和滇中的 UCC 评价值相对较低，其值仅在 2 左右，这表明长江经济带的五个子城市群之间的可持续发展的空间差异不容忽视。

为了分析 UCC 的系统结构，我们重点关注表 4.3 中四个子系统对于 UCC 系统的贡献率。对于长三角和长中游城市群，它们的四个子系统的发展近似平衡，贡献率约在 20%~30%。对于成渝城市群而言，四个子系统的贡献率从 2006~2009 年几乎相似，但在 2010 年以后，综合交通子系统对成渝城市群的 UCC 起到了主导作用，在此期间对 UCC 的贡献率增加到30%~35%。对于黔中城市群，生态环境子系统和综合交通子系统在 2006~2014 年期间发挥了重要作用，而要素市场子系统和产业经济子系统对 UCC 的贡献率相对较低。与其他子城市群不同的是，要素市场子系统对滇中城市群的 UCC 贡献率较大，而产业经济子系统的影响相当小，整个时期不超过 19%。

通过对五大子城市群 UCC 的系统结构分析，我们可以看到，对于长三角和长中游这类较为发达的城市群而言，它们不仅具有更高的 UCC 评价值，而且还具有更均衡的可持续发展模式。但是，对于相对欠发达的子城市群而言，各子系统对于 UCC 的贡献率会随时间演变出现较为明显的波动。他们的 UCC 系统几乎不是由产业经济子系统推动支撑的。区域经济增长乏力一直是欠发达区域可持续发展的主要制约因素。

表 4.3　　2006～2014 年长江经济带各子城市群（层次 2）UCC 及各子系统承载力评价结果

承载力	子城市群	2006	2007	2008	2009	2010	2011	2012	2013	2014
综合承载力	长三角	11.90	11.43	11.31	11.74	10.53	10.82	10.87	10.60	11.27
	长中游	11.49	10.82	10.95	11.42	10.68	11.39	11.30	10.63	11.39
	成渝	5.64	5.43	5.66	5.69	5.46	5.84	5.85	5.21	5.87
	黔中	2.50	2.32	2.31	2.33	2.04	2.49	2.42	2.16	2.41
	滇中	1.58	1.48	1.44	1.43	1.37	1.45	1.48	1.39	1.53
生态环境	长三角	3.69	3.15	2.94	2.84	2.28	2.75	2.97	2.08	3.30
	长中游	3.56	3.06	3.16	3.04	2.48	2.95	3.16	2.18	3.69
	成渝	1.63	1.49	1.50	1.45	1.21	1.40	1.49	1.06	1.62
	黔中	0.78	0.66	0.63	0.58	0.53	0.61	0.64	0.44	0.69
	滇中	0.52	0.43	0.42	0.41	0.33	0.40	0.42	0.26	0.43
综合交通	长三角	2.77	2.81	2.98	3.50	3.78	3.63	3.09	3.28	2.92
	长中游	3.05	2.91	3.11	3.65	3.97	3.92	3.40	3.56	3.23
	成渝	1.48	1.43	1.62	1.82	1.93	2.02	1.75	1.70	1.72
	黔中	0.58	0.55	0.63	0.72	0.76	0.81	0.70	0.72	0.67
	滇中	0.36	0.34	0.40	0.43	0.45	0.43	0.39	0.44	0.41
要素市场	长三角	3.03	3.19	2.95	3.31	3.07	2.28	2.46	3.22	3.02
	长中游	2.48	2.51	2.23	2.65	2.82	2.30	2.36	2.81	2.39
	成渝	1.25	1.27	1.22	1.30	1.47	1.15	1.23	1.35	1.40
	黔中	0.59	0.61	0.52	0.56	0.49	0.52	0.48	0.51	0.57
	滇中	0.42	0.45	0.32	0.36	0.41	0.34	0.37	0.42	0.45
产业经济	长三角	2.41	2.28	2.43	2.09	1.40	2.16	2.34	2.03	2.03
	长中游	2.40	2.34	2.45	2.08	1.41	2.22	2.38	2.09	2.08
	成渝	1.29	1.25	1.33	1.13	0.86	1.28	1.39	1.10	1.13
	黔中	0.54	0.51	0.53	0.48	0.25	0.55	0.60	0.50	0.48
	滇中	0.28	0.27	0.30	0.24	0.18	0.28	0.30	0.27	0.25

二、长江经济带五大子城市群的综合承载力特征及变动趋势

整体来看（图 4.4），长江经济带五大子城市群的综合承载力空间梯度分异明显且差距较大，最高水平与最低水平之间相差近 10 倍，同时空间分异呈显著的东中西阶梯式递减现象，说明目前长江经济带城市群区域一体化水平较低。长三角城市群和长中游城市群的综合承载力始终处于最高水平，二者的变动趋势幅度相近，划分为第一梯度；成渝城市群综合承载力水平始终处于五大子城市群中间，划分为第二梯度；黔中城市群和滇中城市群的综合承载力水平始终处于较低水平，二者之间存在较为明显的差距，划分为第三梯度。可见长江经济带城市群综合承载力水平与区域经济发展趋势大体保持一致，表明长江经济带城市群的经济社会运行在一定程度上仍为资源依赖型和规模拉动型的发展模式，实现经济发展模式转型迫在眉睫。

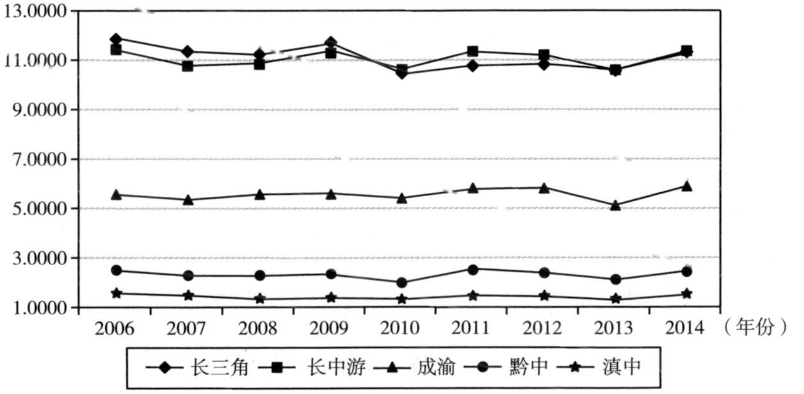

图 4.4　2006 ~ 2014 年长江经济带各子城市群综合承载力变动趋势

注：此图数据来源于表 4.3。

分三大梯度来看（表 4.3）。对第一梯度而言，其综合承载力及各子系统承载力均显著地高于长江经济带整体的平均水平，但其综合承载力总体上呈下降的趋势（图 4.4）。具体来看，首先，其生态环境承载力呈较大幅度的持续下降态势（图 4.5），2014 年长三角城市群生态环境承载力水平相较

于2006年下降近14%，说明生态环境已经成为长三角城市群发展的瓶颈，而2014年长中游城市群的生态环境承载力相较于2006年有微弱的提升；其次，在2011年以前二者的综合交通承载力呈较大幅度的上升态势（图4.6），而2011年以后呈波动中下降，且长中游城市群综合交通承载力整体显著地高于长三角城市群，说明长三角城市群的交通压力远大于长中游城市群；再次，长三角城市群要素市场承载力较为显著地高于长中游城市群的要素市场承载力（图4.7），但长中游城市群要素市场承载力呈现波动中上升的趋势，说明了长中游城市群要素市场发展较好；最后，对产业经济子系统而言（图4.8），二者的整体差异不大且变动趋势趋同，2008～2010年呈剧烈的下降趋势，下降幅度约为75%，这与2008年全球金融危机所导致的经济低迷现象相符，虽然此后呈波动中上升的态势，但2014年相较于2006年产业经济承载力水平下降约15%，这说明第一梯度的城市群已进入了中速发展的新常态时期。

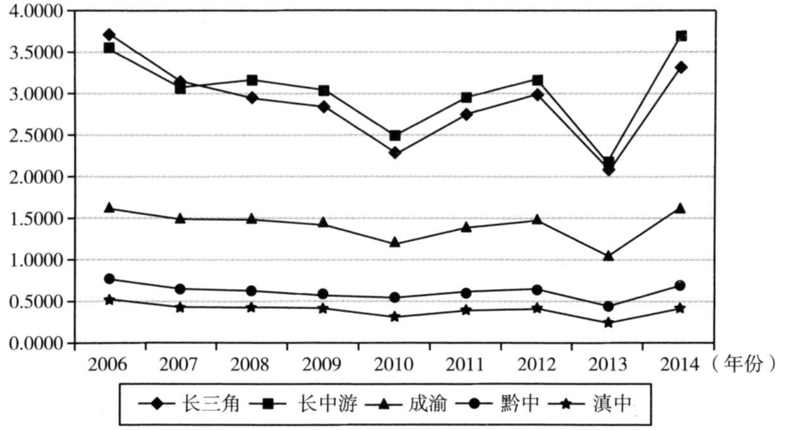

图4.5　2006～2014年长江经济带各子城市群生态环境子系统变动趋势

注：此图数据来源于表4.3。

对第二梯度而言，其综合承载力及各子系统承载力大体较为微弱的低于长江经济带整体的平均水平，但其综合交通承载力和要素市场承载力均呈现出波动中持续上升的态势，其生态环境承载力大体呈现持续下降的态势并在2013年达到最低值，而其产业经济承载力的变动趋势和生态环境承载力的变动趋势总体呈正相关关系，这表明成渝城市群正处于一个持续发展的时期。

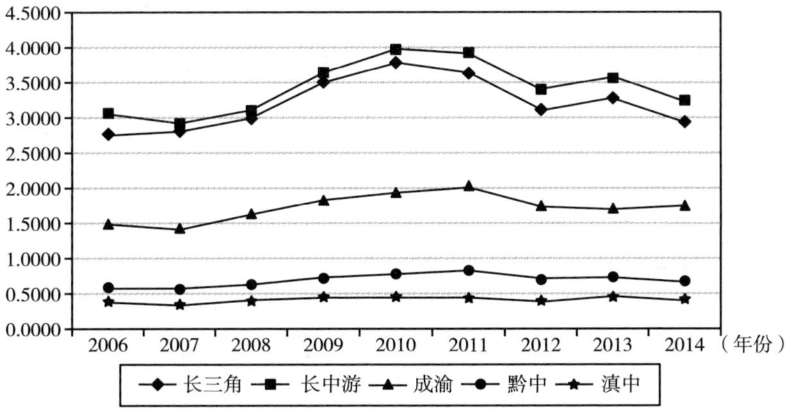

图 4.6　2006～2014 年长江经济带各子城市群综合交通子系统变动趋势

注：此图数据来源于表 4.3。

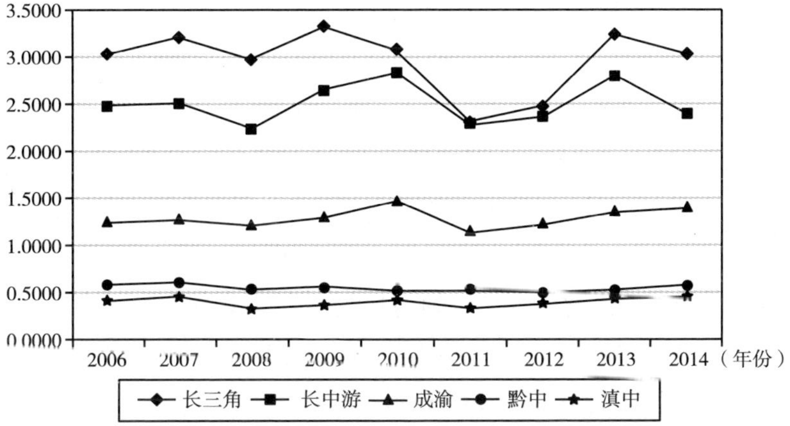

图 4.7　2006～2014 年长江经济带各子城市群要素市场子系统变动趋势

注：此图数据来源于表 4.3。

对第三梯度而言，其综合承载力及各子系统承载力总体显著地的低于长江经济带整体的平均水平，且变动幅度均较为平缓，黔中城市群的整体水平高于滇中城市群且二者的变动趋势呈现显著的正相关性，这表明黔中、滇中城市群经济发展水平相对较低，综合交通及要素市场发展还不完善，具有很大的发展空间。

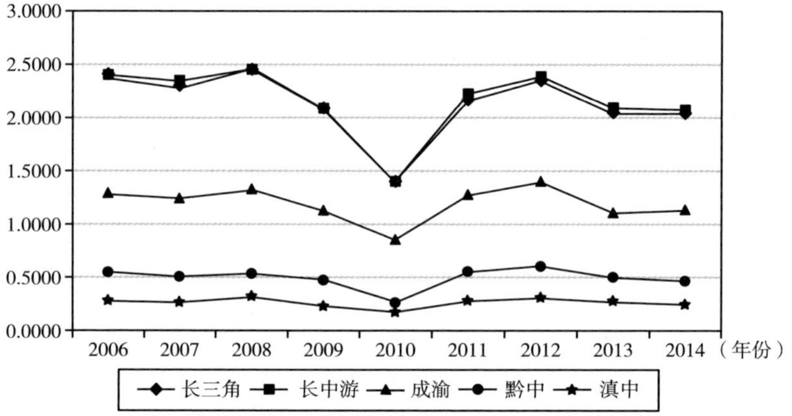

图 4.8　2006～2014 年长江经济带各子城市群产业经济子系统变动趋势

注：此图数据来源于表 4.3。

三、小结

本章选择长江经济带城市群作为研究对象来评估 2006～2014 年其城市群综合承载力的水平。评估框架包括 4 个层级和 39 个涉及其流域特征的基础指标。关于长江经济城市群综合承载力的评价研究，主要结论如下：

一方面，长江经济带城市群 UCC 呈波动中下降趋势，这表明城市群的可持续发展能力相对下降。在整个研究时期，生态环境和产业经济子系统承载力对长江经济带城市群 UCC 的贡献较小，而要素市场和综合交通子系统承载力则增强了长江经济带城市群 UCC。

另一方面，从长江经济带城市群的五个子城市群的角度来看，较为发达的城市群（长三角和长中游）与发展较为落后的城市群（黔中和滇中）之间的 UCC 差距较为明显，这表明长江经济带城市群可持续发展的不平衡现象和多样性不容忽视。

第三节　长江经济带城市群状态型综合承载力的评价与分析

本节进一步展开对城市群状态型综合承载力（USCC）的评价实证研究，仅从支撑城市群发展的状态型承载力因素出发，探索一个比较清晰和明确的城市群可持续发展评价指标体系。USCC 可以反映真实的城市群承载能力状态，从而支持城市群的可持续发展。同时，本节对于研究 USCC 所采用的动态连续评估方法及研究框架，有助于世界范围内类似于长江经济带这样的即包含发达型城市群和发展中城市群的非均衡发展城市群的相关研究，并为决策者提供参考建议。

一、长江经济带城市群整体的状态型综合承载力的评价与分析

表 4.4 对城市群状态型综合承载力（USCC）的 24 个基础指标的统计特征及其权重进行了汇总。

表 4.4　城市群状态型综合承载力（USCC）的 24 个基础指标的描述性统计特征及其权重

基础指标	单位	权重①	最小值	最大值	平均值	标准误	样本数
X1　人均水资源量	万吨	0.05	9.44	1123.67	98.97	89	774
X3 - 污水处理率	%	0.03	4.82	100	79.45	48.43	774
X6 - 人均绿地面积	Km^2	0.03	0.45	27.26	10.84	3.72	774
X7 - 建成区绿化覆盖率	%	0.02	4.95	77.78	38.05	7.14	774
X8 - 生活垃圾无害处理率	%	0.04	12.06	100	90.15	17.98	774
X17 - 人均城市道路面积	m^2	0.05	2.1	44.53	14.16	5.73	774

① 本表中权重的具体计算方法见本章第一节第一小节，评价方法。基础指标的项目符号与第三章表 3.1 相对应。

续表

基础指标	单位	权重	最小值	最大值	平均值	标准误	样本数
X18－人均公路里程	km	0.05	0.48	19.34	5.44	3.26	774
X21－每万人拥有医院床位数目	床	0.04	11.14	721.1	80.82	78.16	774
X22－每千人拥有医生数	人	0.04	0.52	28.33	3.9	3.55	774
X23－普通高等学校数目	所	0.06	0	122	9.66	15.95	774
X24－中小学学校数目	所	0.02	0.1	10.13	0.93	0.95	774
X25－平均高校教师数量	人	0.06	0	99.91	6.02	11.27	774
X26－普通高等学校在校学生数	万人	0.05	0	881.43	42.32	119.97	774
X27－人均国内专利授权数量	件/人	0.03	0	423.69	5.95	25.13	774
X28－人均各项存款余额	元	0.04	5.58	5626.4	130.06	346.75	774
X29－人均各项贷款余额	元	0.05	2.07	754.46	72.91	95.41	774
X30－人均行政区域土地面积	m^2	0.06	0.32	608.25	103.64	117.99	774
X33－人均社会消费品零售总额	元	0.04	9.51	219.31	38.07	29.66	774
X34－人均固定资产投资完成额	元	0.05	3.25	457.9	75.05	59.75	774
X35－人均规模以上工业利润总额	元	0.05	－0.84	409.14	11.95	19.22	774
X36－ GDP 增长率	%	0.02	－0.4	25.02	12.99	2.71	774
X37－人均 GDP	元	0.04	0.61	666.83	113.86	86.63	774
X38－第二产业占 GDP 比重	%	0.03	20.71	74.73	51.16	7.97	774
X39－第三产业占 GDP 比重	%	0.05	20.93	43.17	36.13	16.15	774

图 4.9 显示了长江经济带城市群整体的 USCC 变化趋势（2006～2014 年）。在 2006～2014 年整体呈现长期上升趋势，年均变化率为 0.6% 左右。这表明长江经济带城市群 USCC 呈增强态势，城市群可持续发展能力不断提升。然而，从图 4.9 中我们也发现 USCC 存在一定程度的波动，这意味着短期内由于存在外部冲击 USCC 是不稳定的。

从四个子系统的角度来看，图 4.10 显示了 2006～2014 年长江经济带城市群各子系统承载力对 USCC 系统的贡献度及变动趋势。具体来说，平均而

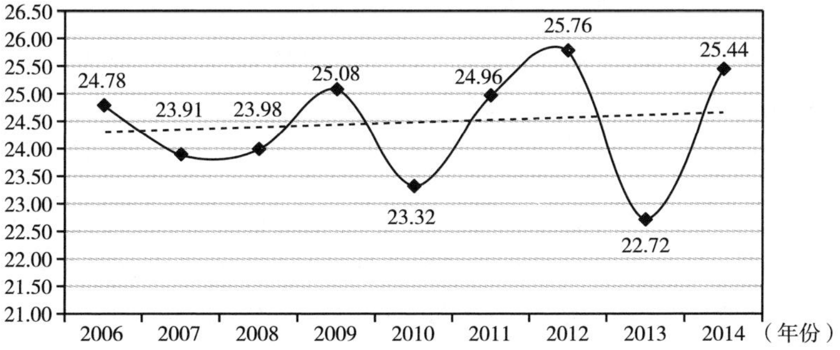

图 4.9　长江经济带城市状态承载力（USCC）变化趋势（2006～2014 年）

言，四个子系统中，生态环境子系统对于 USCC 系统的贡献率最高。但同时，生态环境子系统的贡献率呈现出持续下降的趋势，与 2006 年最高点 9.53 相比，2013 年最低值仅为 6.07，即 2006～2013 年，生态环境子系统的贡献率相对下降近 57%。交通基础设施子系统的贡献率从 2006～2013 年呈上升趋势，2011 年的最高点比 2007 年的最低点高出近 67%。要素市场子系统的贡献率在 2006～2014 年间波动较小。2013 年，相比其他三个子系统而言，要素市场子系统贡献率达到最大值。对于产业经济子系统而言，2008～2013 年呈下降趋势，并有小幅波动。2013 年达到最低点（6.47）。

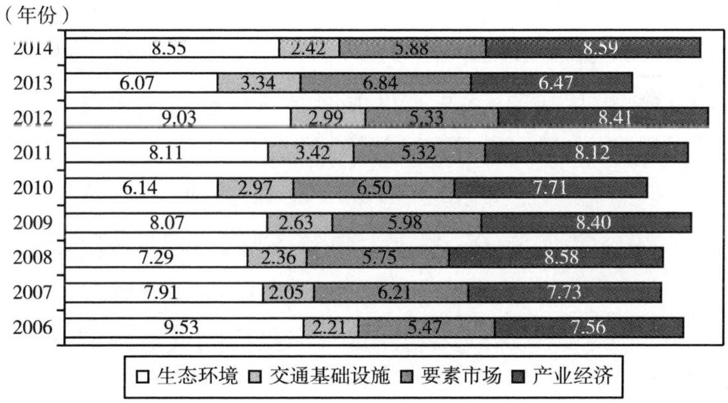

图 4.10　2006～2014 年长江经济带城市群各子系统承载力对 USCC 的贡献度及变动趋势

进一步，依据本书所构建的USCC指标体系中所包含的24项基础指标的承载力变化趋势（见图4.11），进一步深度剖析长江经济带城市群整体的USCC波动的原因和机制。我们以评价值在观察期（2006～2014年）内变动的净值作为分组依据。第一组为下降趋势最为明显的组别，第二组为整体下降但下降趋势较为平缓的组别，第三组为整体上升，但上升趋势较为缓慢的组别，第四组为上升趋势最为明显的组别。从图4.11中可以看出在2008年和2012年分别发生了两次较为明显的冲击，导致USCC趋势曲线出现了三个低谷期（2008年、2010年和2013年）。具体而言，第一个低点出现在2008年，本书分析可能的原因是由于快速城市化进程的冲击（Zheng et al.，2009），大量人口集中于某一城市而导致了该城市公共服务的短缺（Heikkila and Xu，2013）。根据24项基础指标的变化趋势，本书分析，污水处理率和生活垃圾无害处理率的比例，这些代表城市环境承载力的指标，在2006～2008年之间迅速下降。另一指标，人均城市道路面积的变化情况也提供了城市人口快速增长导致城市承载力供给不足的证据。第二个低点是在2010年出现，本书分析，这是由于2009年底，中国政府提出投资4万亿人民币投资，以应对全球金融危机所造成的（Lee et al.，2014）。同时，地方政府也推动了一大批重工业项目来推动地方经济增长，而重工业项目通常伴随着高能耗和严重的环境污染问题（Xu et al.，2016），这些问题会对长江经济带的生态环境和产业结构发展产生很大的负面影响，导致了生态环境子系统和产业经济子系统承载力从2009年到2010年分别下降24%和9%。第三个低点出现在2013年，可能的原因是由于“新常态”经济环境的调整而引起的。面对GDP增速放缓的经济环境，中国政府宣布自2013年中国进入“新常态”经济阶段（Laura et al.，2017）。这一外部冲击使得中国政府在2013年实施了一些重大的经济调整和宏观政策调控（Lee et al.，2014）。在USCC指标体系中，一些反映经济发展状况的指标呈现下降趋势（图4.11），如X19（人均固定资产投资完成额）和X21（GDP年均增长率）。

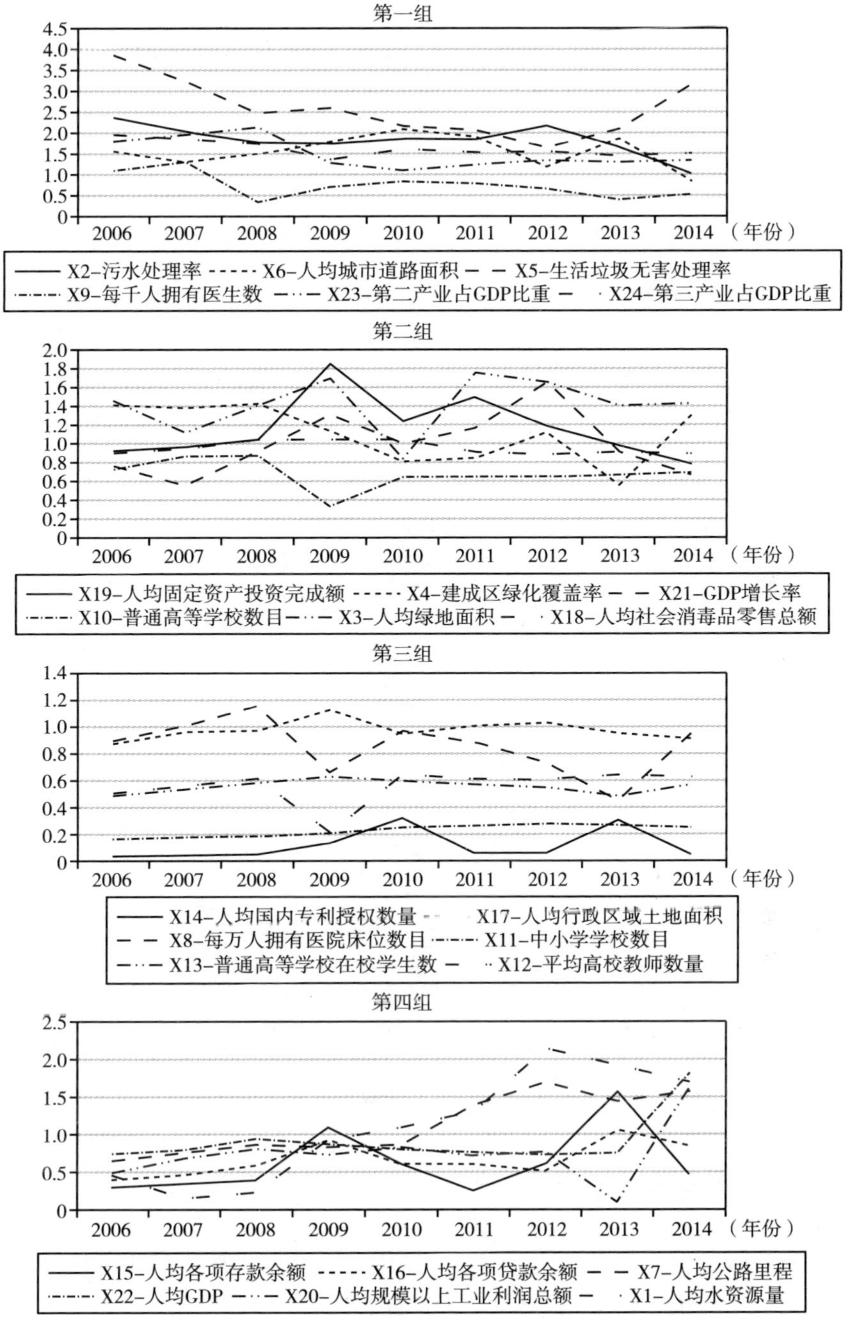

图 4.11　长江经济带城市群 USCC 指标体系 24 项基础指标变化趋势（2006～2014 年）

二、长江经济带五大子城市群的状态型综合承载力的评价与分析

（一）整体分析

整体来看（图 4.12），长江经济带五大子城市群的 USCC 空间梯度分异明显且差距较大，这说明长江经济带各子城市群之间 USCC 的区域差异问题不容忽视，USCC 最高水平的长三角城市群（Delta）与 USCC 最低水平的滇中城市群（Yunnan）之间相差近 10 倍。同时，空间分异状况呈显著的东中西部阶梯式递减现象，这种现象在下面的分析中被称为空间梯度分化。首先，长三角城市群和长中游城市群的 USCC 始终处于最高水平，且二者的变动趋势幅度相近，划分为第一梯度；其次，成渝城市群（Chengyu）的 USCC 评价值始终在 4 左右，且位于五大城市群中间，因此，划分为第二梯度；第三，黔中城市群（Guizhou）和滇中城市群（Yunnan）的 USCC 始终处于整个长江经济带的较低水平，划分为第三梯度。

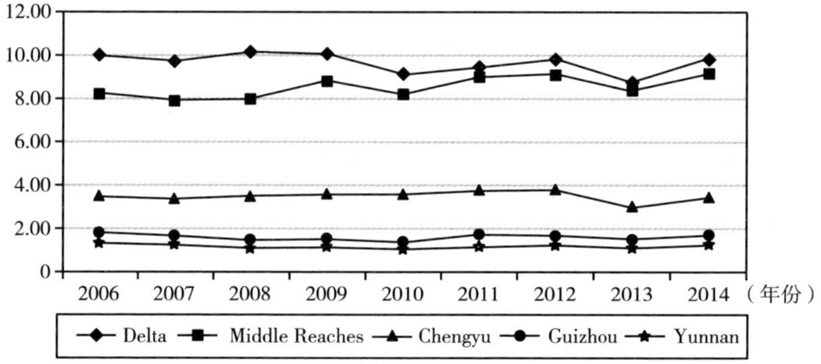

图 4.12　2006～2014 年长江经济带五大子城市群状态型综合承载力变动趋势

（二）三大空间梯度分析

表 4.5 列出了长江经济带在 2006～2014 年五大子城市群 USCC 各子系统承载力的评价结果。主要研究结果分析如下：

对于第一梯度而言，每个子系统的 USCC 及其承载力显著高于整个长江经济带城市群的平均值。长三角城市群的 USCC 在研究期间内整体较为平

均，而长中游城市群的 USCC 总体呈现上升趋势。具体而言，第一，长三角城市群和长中游城市群的生态环境子系统承载力呈现递减趋势，这表明生态环境子系统承载力可能是第一梯度 USCC 发展提升的瓶颈。第二，长三角城市群和长中游城市群的交通基础设施承载力在开始时呈现出显著的增长趋势，但在 2011 年之后经历了一个波动中的下降趋势。与长三角城市群的交通基础设施承载力相比，长中游城市群的交通基础设施承载力较弱低。第三，长三角城市群和长中游城市群的要素市场子系统承载力呈现较为稳定的上升态势。与交通基础设施子系统类似，长三角城市群的要素市场子系统承载力较长中游城市群也较强。第四，对产业经济子系统而言，长三角城市群比长中游城市群的产业经济子系统承载力依旧较强。从 2008 年到 2013 年，长三角城市群和长中游城市群的产业经济子系统承载力显著下降，特别是长三角城市群下降了 62%。

对于第二梯度而言，它的 USCC 和每个子系统的状态型承载力均稍低于长江经济带城市群整体的平均水平。交通基础设施、要素市场和产业经济子系统承载力均表现出波动中上升趋势。然而，生态环境子系统却呈现持续下降趋势并于 2013 年达到最低水平。

对于第三梯度而言，它的 USCC 和每个子系统的状态承载力均显著地低于长江经济带城市群的平均值。它们表现出相对稳定的变化趋势。除交通基础设施子系统外，黔中城市群的 USCC 普遍高于滇中城市群。

表 4.5　长江经济带五大子城市群的 USCC 各子系统承载力评价结果

子系统	子城市群	2006	2007	2008	2009	2010	2011	2012	2013	2014
生态环境（EE）	长三角城市群	3.57	2.94	2.62	2.93	2.24	2.99	3.46	2.37	3.25
	长中游城市群	3.34	2.72	2.65	2.96	2.23	2.96	3.29	2.22	3.24
	成渝城市群	1.43	1.29	1.20	1.30	0.98	1.25	1.31	0.87	1.21
	黔中城市群	0.70	0.57	0.47	0.50	0.42	0.53	0.57	0.36	0.49
	滇中城市群	0.49	0.39	0.35	0.39	0.28	0.39	0.40	0.25	0.36
	平均值	1.91	1.58	1.46	1.62	1.23	1.62	1.81	1.21	1.71
	极差值	3.08	2.55	2.30	2.57	1.96	2.60	3.06	2.12	2.89
交通基础设施（TI）	长三角城市群	0.98	0.93	1.06	1.18	1.31	1.52	1.33	1.45	1.02
	长中游城市群	0.86	0.78	0.89	1.01	1.16	1.33	1.14	1.32	0.90

续表

子系统	子城市群	2006	2007	2008	2009	2010	2011	2012	2013	2014
交通基础设施（TI）	成渝城市群	0.25	0.22	0.25	0.29	0.33	0.37	0.31	0.32	0.27
	黔中城市群	0.05	0.05	0.06	0.07	0.08	0.09	0.09	0.11	0.10
	滇中城市群	0.09	0.07	0.10	0.09	0.10	0.10	0.12	0.14	0.13
	平均值	0.45	0.41	0.47	0.53	0.60	0.68	0.60	0.67	0.48
	极差值	0.93	0.88	1.00	1.11	1.23	1.43	1.24	1.34	0.92
要素市场（FM）	长三角城市群	2.19	2.49	2.69	2.51	2.46	1.75	1.85	2.67	2.30
	长中游城市群	1.70	1.92	1.61	1.96	2.23	1.94	1.89	2.35	1.83
	成渝城市群	0.78	0.88	0.83	0.79	1.11	0.87	0.88	0.99	0.91
	黔中城市群	0.42	0.48	0.39	0.38	0.34	0.44	0.36	0.42	0.44
	滇中城市群	0.37	0.43	0.22	0.33	0.37	0.32	0.35	0.40	0.40
	平均值	1.09	1.24	1.15	1.19	1.30	1.06	1.07	1.37	1.18
	极差值	1.82	2.06	2.47	2.18	2.09	1.43	1.50	2.27	1.90
产业经济（IE）	长三角城市群	3.31	3.39	3.69	3.46	3.13	3.18	3.20	2.28	3.34
	长中游城市群	2.38	2.50	2.87	2.93	2.65	2.79	2.86	2.49	3.25
	成渝城市群	1.00	0.99	1.17	1.17	1.13	1.18	1.30	0.84	1.07
	黔中城市群	0.51	0.50	0.48	0.51	0.49	0.61	0.69	0.56	0.61
	滇中城市群	0.36	0.35	0.37	0.34	0.31	0.35	0.36	0.29	0.33
	平均值	1.51	1.55	1.72	1.68	1.54	1.62	1.68	1.29	1.72
	极差值	2.95	3.04	3.32	3.12	2.82	2.83	2.84	1.99	3.01

三、小结

关于长江经济带城市群 USCC 的评价研究的主要结论有：对于整个长江经济带城市群而言，其 USCC 的波动幅度适中且整体呈上升趋势。这是由于各个子系统的综合协调作用的结果，说明支撑城市群可持续发展的承载能力正在增强。对于长江经济带城市群 USCC 的四个子系统而言，生态环境子系统是整个 USCC 系统的重要贡献因素。交通基础设施的承载状态发展良好，但未来仍需不断加强其承载能力。要素市场子系统和产业经济子系统同样为 USCC 系统的增强做出了巨大贡献，这些子系统的不断增有助于实现长江经济带城市群的可持续发展。

| 第五章 |

长江经济带城市群综合承载力的时空差异研究

与单个城市相比，城市群覆盖更广阔的区域面积并包含更多的人口数量，这使得城市群的可持续发展更容易呈现出空间差异性。因此，首先，为了直观和动态地研究长江经济带城市群综合承载力的时空差异状况，本章进行了一系列空间差异性分析，包括空间自相关，空间聚类和异常值，热点映射分析和核密度估计；其次，本章引入了改进熵值法、增量空间自相关和错误发现率调整等技术改进，使空间分析的结果更加优化和可靠；最后，本章同样根据 2006 ~ 2014 年研究样本的三个尺度层面的面板数据，基于地理统计法（Francky，2015）和地理信息系统（You et al.，2017）来展开长江经济带城市群在三个尺度上城市群状态型综合承载力（USCC）的时空差异研究。本章研究了长江经济带城市群综合承载力的时空差异特征，力图透析支撑及影响长江经济带城市群可持续发展的现实基础及其背后机制。

本章后续结构如下：第一部分是长江经济带城市群综合承载力（UCC）的时空差异研究；第二部分是长江经济带城市群状态型综合承载力（USCC）的时空差异研究。

第一节　长江经济带城市群综合承载力的时间演变及空间差异分析

一、时空差异研究方法

与封闭的单个城市系统不同，本书采用空间差异分析来研究城市群可持续发展的多样性，并以此分析城市群综合承载力的时空差异特征。在我们的研究中，全局空间自相关性和局域空间自相关性都被考虑在内。全局空间相关性指数（Global Moran's I）描述变量属性在整体区域的空间特征，而局域空间自相关分析（如 Ansenlin Local Moran's I 或热点分析）是研究某个变量在某座城市与相邻城市之间的显著性及空间差异程度。

（一）全局空间自相关检验

基于长江经济带城市群内各城市的区域位置及其城市综合承载力评价值，全局空间相关性指数（GMI）能够有效衡量长江经济带城市群的综合承载力的空间自相关模式是聚集，分散还是随机的。计算公式如下：

$$GMI = \frac{n\sum_{\alpha=1}^{n}\sum_{\beta=1}^{n} u_{\alpha\beta}\, y_{\alpha}\, y_{\beta}}{S_0\sum_{\alpha=1}^{n} y_{\alpha}^{2}} \tag{5.1}$$

其中，y_{α}是城市 α 的 UCC 值与平均值之间的偏差；$u_{\alpha\beta}$是城市 α 与城市 β 之间的空间权重；n 是城市数量；S_0是所有空间权重的总和。由于分子被方差归一化，因此 GMI 值落在［-1.0，+1.0］的范围内。

对于推断统计量，GMI 的结果应根据z_I评分来解释其统计显著性，即：

$$z_I = \frac{I - E[I]}{\sqrt{V[I]}} \tag{5.2}$$

其中，I 代表 GMI 的评估值；$E[I] = -1/(n-1)$；$V[I] = E[I^2] - E[I]^2$。如果结果被认为具有统计显著性且$z_I > 0$，则存在正的空间自相关。GMI 的数值越大，空间聚集倾向越高（即高值区域被高值区域包围或低值区域被低值区域包围)。如果结果具有统计显著性且$z_I<0$，则长江经济带城市群中高值和低值的空间分布在空间上更分散。如果结果不具有统计显著性，则 UCC 值的空间模式很可能受随机分布的影响。当整个研究区域的空间过程一致时，GMI 可以提供最有效的结果来测试空间自相关。

(二) 局域空间相关性检验和莫兰散点图

我们运用聚类和异常值分析 (Anselin Local Moran's I (ALMI)) 来测量城市 α 与周围邻居之间的相似性 (Anselin, 1995)，以揭示空间聚类模式和识别长江经济带城市群内各城市综合承载力的异常值。ALMI 的结果可以从莫兰散点图中分析得到。城市 α 的 ALMI 计算如下：

$$ALMI_{\alpha} = \frac{y_{\alpha}}{S_{\alpha}^{2}} \sum_{\beta=1,\beta\neq\alpha}^{n} u_{\alpha\beta}\, y_{\beta} \tag{5.3}$$

其中y_α是城市 α 的 UCC 值与所有样本平均值的偏差；$u_{\alpha\beta}$是城市 α 与城市 β 之间的空间权重；n 是指样本城市的总数；$S_{\alpha}^{2} = \frac{\sum_{\beta=1,\beta\neq\alpha}^{n} y_{\beta}^{2}}{n-1} - \bar{Y}^{2}$，$\bar{Y}$ 表示所有样本城市的 UCC 值的平均值。ALMI 的正值表示该城市的邻近地区的 UCC 值相似性较高或较低，而 ALMI 的负值表示该城市被具有不同 UCC 值的城市包围。我们把这种城市视为异常值。

为了使空间集群的识别和对其动态的分析更加直观，莫兰散点图以图形方式显示了每个城市在其指定类别的 UCC 内的位置。x 轴是每个城市的标准化 UCC 值，y 轴是相邻城市 UCC 的空间加权平均值，也称为空间滞后向量 (Anselin, 2006; Fiaschi et al., 2017)。

莫兰散点图在坐标系中，该坐标系分为四个象限，分别识别一个地区与其邻近地区的关系。第一象限 (HH) 和第三象限 (LL) 分别包括高值和低值的聚类，即高值区域被其他高值区域所包围和低值区域被其他低值区域所包围，并且正的空间自相关关系表示相似观测值之间的空间联系，暗示相似值的聚集。提供一种检测异常值的简单方法，第二象限 (LH) 和第四象限 (HL) 意味着负的空间自相关关系，即表示不同观测值之间的空间联系存在显著的异质性，表示空间存在异常值。HL 包含异常值，其中高值主要由低值包围，LH 包含异常值，其中低值主要由高值包围，如若观测值均匀地分布于四个象限内，说明各个地区间没有空间相关性。

（三）Getis - Ord 局域统计量和热点分析

通过莫兰散点图对整个长江经济带城市群 UCC 的空间异质性进行测试后，我们接着研究 UCC 热点的位置并分析其动态变化趋势。Getis - Ord 局域统计（GOLS）有助于识别热点和冷点（Getis and Ord，1992）。GOLS 将本地 UCC 值（对于不同距离范围内的城市及其邻居）与整个长江经济带城市群的总和进行比较，以识别 UCC 高于预期的热点或 UCC 低于预期的冷点。同样我们给出 z 分数，GOLS 计算统计上显著的空间聚类，并且表明当局部 UCC 值与预期差异很大时，拒绝零假设的随机性。

城市 α 的 GOLS 的计算方法为：

$$GOLS_{\alpha}^{*} = \frac{\sum_{\beta=1}^{n} u_{\alpha\beta}\, y_{\beta} - \bar{Y}\sum_{\beta=1}^{n} u_{\alpha\beta}}{S\sqrt{\frac{\left[n\sum_{\beta=1}^{n} u_{\alpha\beta}^{2} - \left(\sum_{\beta=1}^{n} u_{\alpha\beta}\right)^{2}\right]}{n-1}}} \tag{5.4}$$

其中y_{β}是城市 β 的 UCC 值；$u_{\alpha\beta}$是城市 α 与城市 β 之间的空间权重；n 等于样本城市总数；$\bar{Y} = \frac{\sum_{\beta=1}^{n} y_{\beta}}{n}$ 和 $S = \sqrt{\frac{\sum_{\beta=1}^{n} y\beta^{2}}{n} - (\bar{Y}^{2})}$。

在我们的研究中，采用了两种技术方法来改进热点分析的结果。首先，为了确定最佳距离以匹配现实现象，我们采用增量空间自相关（ISA），它在一系列增大的距离处运行空间自相关（Global Moran's I）工具，同时测量各空间聚类的程度，聚类的程度由返回的 Z 得分确定（Maingi et al.，2012）。当 z 值达到峰值时，促进聚类的空间过程在该距离中是最明显的（Ayana et al.，2016）。其次，使用 Benjamini and Hochberg（1995）的方法，我们采用错误发现率（FDR）调整方法来控制虚假发现的比例，并且以 0.05 的错误发现率对多个测试中的 p 值进行调整，其中可以降低错误拒绝零假设的可能性。

二、空间自相关检验结果与分析

全域莫兰指数统计量（GMI）是根据每个样本城市的数据（层级 3）估

算的。表 5.1 中列出了长江经济带城市群综合承载力及各子系统承载力的 GMI 值以显示空间自相关结果。对于 UCC 系统而言，其 GMI 值在 2006 ~ 2014 年间始终为正值。结果显示，长江经济带城市群的 UCC 具有空间聚集趋势，这表明高 UCC 评价值的城市可能接近其他高 UCC 评价值城市，而低 UCC 评价值的城市则与其他低 UCC 评价值的城市聚集在一起。表 5.1 中的 z_I 得分报告了 GMI 值的统计显著性。尤其是，2014 年 UCC 的 z_I 评分为 1.13，这表明其相应的 p 值（0.26）远高于显著性水平（5%），说明 2014 年的 UCC 的空间自相关检验结果在统计上并不显著。2014 年，UCC 指数可能在长江经济带城市群中呈随机分布。同时，其他结果显示，GMI 的估值从 2006 年的 0.21 大幅下降至 2014 年的 0.06。我们可以推断观察到的 UCC 值的正的空间自相关模式呈逐渐减弱态势。

表 5.1　长江经济带城市群综合承载力及各子系统承载力空间自相关检验结果

承载力	检验值	2006 年	2010 年	2014 年
综合承载力	GMI	0.21	0.18	0.06
	z_I - score	3.57	3.11	1.13
	p - value	0.00	0.00	0.26
生态环境	GMI	0.34	0.27	0.25
	z_I - score	5.55	4.55	4.27
	p - value	0.00	0.00	0.00
综合交通	GMI	0.11	0.35	0.12
	z_I - score	1.98	5.72	2.04
	p - value	0.05	0.00	0.04
要素市场	GMI	-0.05	0.05	-0.05
	z_I - score	-0.59	0.95	-0.58
	p - value	0.55	0.34	0.56
产业经济	GMI	0.10	0.10	0.11
	z_I - score	1.96	1.95	2.13
	p - value	0.05	0.05	0.03

2006 ~ 2014 年，UCC 的四个子系统的 GMI 值呈现出不同的变化趋势。第一，生态环境、综合交通和产业经济子系统的 GMI 值显著为正（低于 5%

水平），但要素市场子系统的 GMI 值在统计学上不显著。第二，从 2006 ~ 2014 年，生态环境的 GMI 值始终保持在 0.3 左右，表明生态环境承载力在整个研究区域呈聚集趋势。第三，对于综合交通子系统，其 GMI 值在短暂上升后呈现下降趋势，并于 2010 年达到峰值（0.35），表明长江经济带的综合交通子系统的空间集聚性呈现增强的趋势。第四，要素市场子系统的 GMI 的 p 值始终大于 0.05，这意味着零假设在空间自相关检验中不被拒绝，即要素市场承载力可能是随机分布的。第五，产业经济子系统的 GMI 值保持在 0.1 左右的平均水平，说明长江经济带产业经济承载力在区域产业协调发展没有较大的变化。

三、空间聚类与空间异常值结果与分析

图 5.1 提供的 Moran 散点图描绘了 2006 年和 2014 年 86 座样本城市的 UCC 的分布状态。2006 年和 2014 年，共计 33 个和 35 个城市分别集中在左下象限（LL），这意味着这些城市及其周边城市的 UCC 指数较低，空间差异较小。位于左上角（LH）和右下角（HL）的城市是异常值，表明他们的 UCC 值与其邻居不同。与 2006 年的散点图相比，2014 年散点图中 UCC 的分布较为

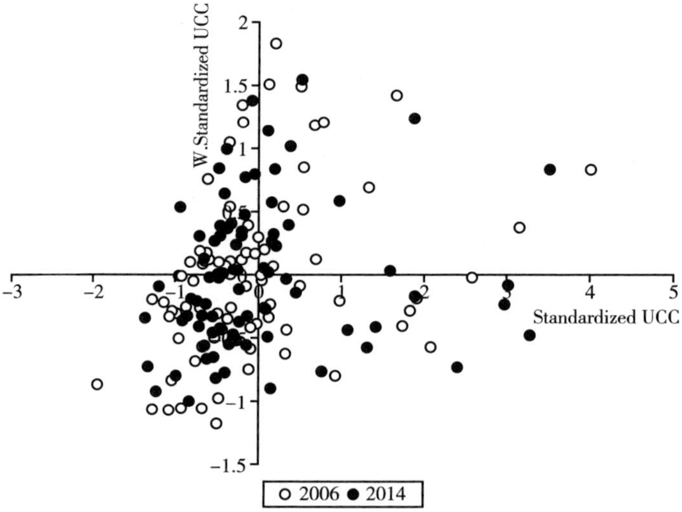

图 5.1 综合承载力莫兰散点图（2006 年和 2014 年）

分散，这表明空间聚类随着时间的推移而减少。这一分析结果与之前对 GMI 的动态分析是一致的。2006～2014 年，86 座城市的空间分异程度有所增加。

莫兰散点图也可以用来说明 UCC 各子系统的空间聚类和异常值情况。特别是，在图 5.2 中，我们报告了生态环境子系统在层级 3 中的分布情况。2006 年，坐标系中的 86 座城市呈均匀分布，而在 2014 年，大多数城市（72%）位于 HH 和 LL 象限。这表明从 2006～2014 年，城市的生态环境承载力趋于集聚现象。图 5.3 给出了综合交通子系统承载力的 Moran 散点图。在 2006 年和 2014 年，86 座城市呈分散状态于四个象限中，HH 和 LL 象限中的聚类数量略多于异常值。这直观地证实了综合交通子系统的空间正相关关系并不十分显著。对于要素市场子系统（图 5.4），大多数城市位于 HL 和 LH 象限，Moran 散点图展示了要素市场的空间负相关关系。一种可能的解释是，由于较为发达的经济和健全的价格机制，资本和人力资源等要素会集中在长江经济带的中心城市。图 5.5 报告了产业经济子系统的空间聚类和异常值。大多城市位于 HH 和 LL 象限。从 2006～2014 年，位于 HH 象限的城市数量似乎有上升的趋势，这表明城市的空间集群趋势在不断增加，从而达到更高的经济发展水平。

从莫兰散点图的结果分析可以看出，样本城市的城市可持续发展能力的空间格局有很大不同。随着生态环境，综合交通和要素市场的集聚趋势的发

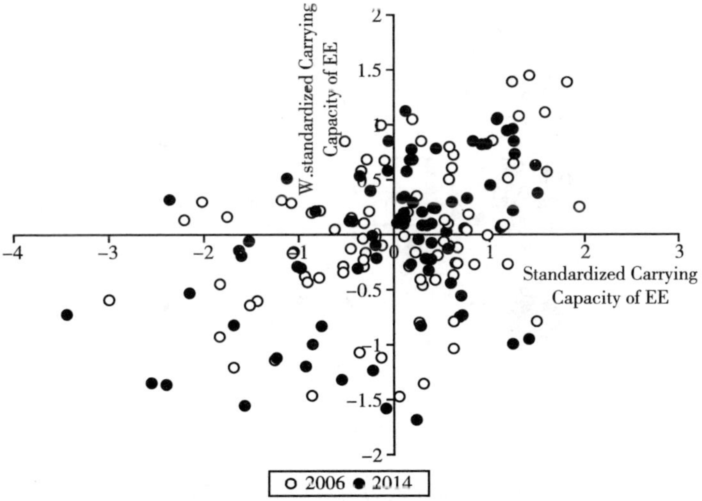

图 5.2　生态环境子系统承载力莫兰散点图（2006 年和 2014 年）

展，越来越多的城市转向空间集中形式。从 2006～2014 年，一个发达的可持续发展城市通常被发达城市包围，而一个可持续发展不佳的城市通常在附近有很多发展不佳的城市。结果说明，不平衡和不协调的模式可能导致更严重的可持续发展问题。

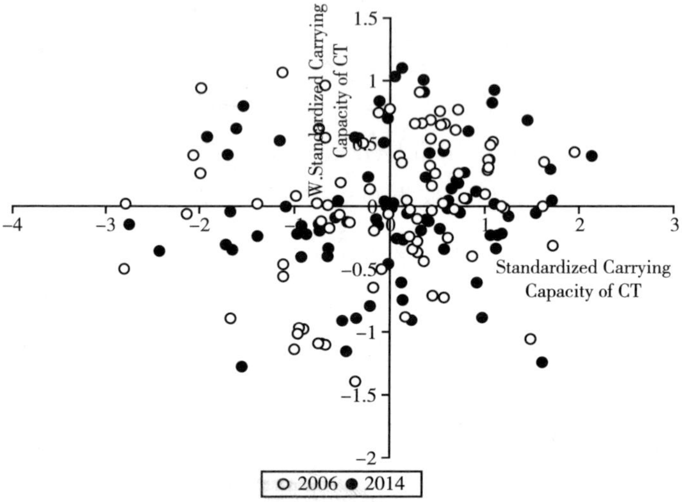

图 5.3　综合交通子系统承载力莫兰散点图（2006 年和 2014 年）

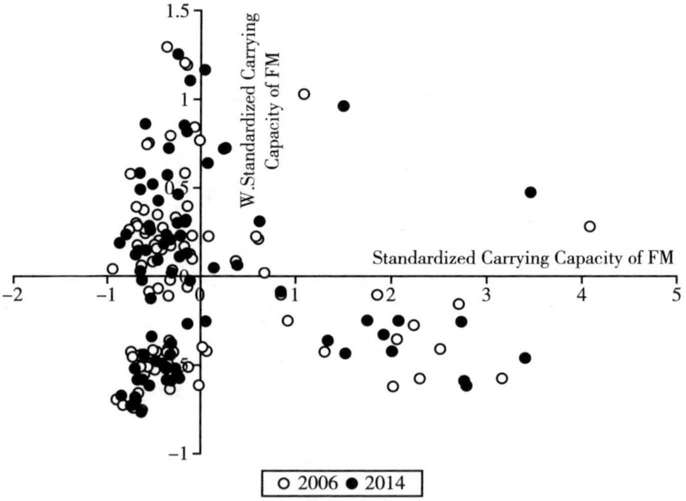

图 5.4　要素市场子系统承载力莫兰散点图（2006 年和 2014 年）

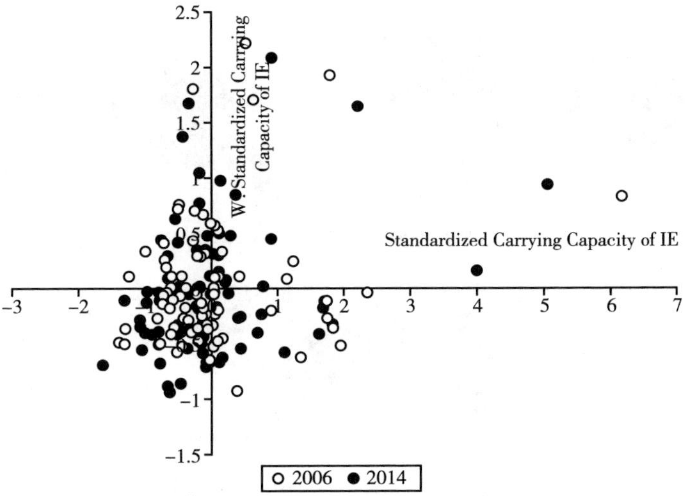

图 5.5 产业经济子系统承载力莫兰散点图（2006 年和 2014 年）

四、热点分析及其稳健性检验

层级 3 中的样本城市由聚类或异常值定义为它们在 Moran 散点图中的位置。此外，为了确定可持续发展最好的地区，并找出空间分异的动态变化，我们进行了热点分析。GOLS 的估计在于研究拥有统计显著性的热点（高值）和冷点（低值）的空间聚类。在此之后，我们选用一个核密度估计（KDE）来对热点分析的稳健性进行检验。

（一）热点分析的结果

图 5.6 展示了长江经济带城市群综合承载力的 GOLS 热点分析结果。结果通过距离和显著性检验进行评估分析。考虑到空间关系，我们使用增量空间自相关技术来提高在使用基本的固定距离范围估计时的统计显著性。通过另一项技术，即改进错误发现率（FDR），来调整 p 值以控制虚假发现的比例。

首先，从图 5.6 中可以直观地看出，热点集中于东部区域，而冷点则在西部区域大量分布。热点代表集体统一度相对较高的城市区域，即城市本身的数值很高，而且他周边的数值也很高。相应地，冷点则表示低 UCC 价值

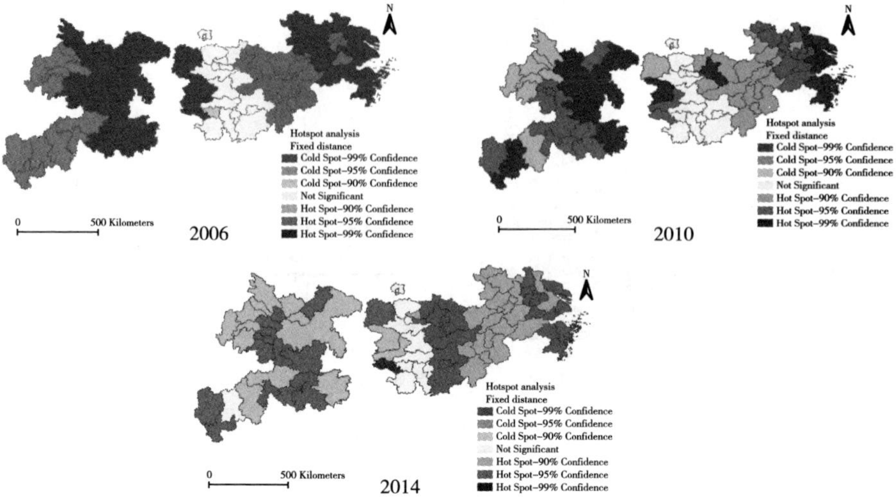

图 5.6　长江经济带城市群 UCC 的 GOLS 热点分布图

（2006 年、2010 年和 2014 年）

的城市被类似的低 UCC 价值城市包围。从热点分布图可以看出，长江经济带东部地区比西部地区具有更多的可持续性发展优势，东部地区可能出现比西部地区更明显的空间聚集态势。长三角和长中游城市群的一些中心城市，如上海，南京和武汉等，由周边的卫星城市提供可持续发展的支持。同时，这些卫星城市的可持续发展也可能因中心城市的带动而得到加强。其次，从动态角度看，2006 ~ 2014 年，热点地区和冷点地区的尺度不断扩大，这表明当前的发展模式加剧了的空间差异的不均衡的发展现状。很明显，无论是热点区域还是冷点区域，城市数量都在增加。这说明，长江经济带城市群的区域可持续性是不协调的，这一特征加剧并蔓延至更大的区域。最后，从显著性水平来看，许多热点或冷点的显著性水平随时间而变化。尤其是，空间俱乐部在 2006 年表现为一个连续的区块，而在 2014 年，具有较高显著性水平的热点区域或冷点区域被分解成更小的离散区域。空间形态的转变说明，在多城市融合的过程中，重庆、成都等许多中心城市都偏好在一个较小区域内协调合作，而不是整个城市群范围内。因此，在积极参与“一带一路”政策的发展背景下，长江经济带城市群应该更加重视发展的空间差异性和各城市形成小的空间俱乐部的发展形势等发展不平衡问题，推动整个城市群的协同发展。

（二）热点分析的稳健性检验

为了检验 GOLS 热点分析的稳健性，我们将核密度估计（KDE）引入到我们的研究中，这是另一种识别热点的有效方法。与 GOLS 相比，KDE 是一种非参数方法，用于计算要素在其周围邻域中的密度，它使用总体字段根据要素的重要程度赋予某些要素比其他要素更大的权重，该字段还允许使用一个点表示多个观察对象（Xie and Yan，2008；Anderson，2009；Tovo et al.，2016）。对于层次 3 中给定的一组 UCC 值，可以定义核密度估计：

$$f(y) = \frac{1}{nh^2}\sum_{\alpha=1}^{n} K\left(\frac{|y - y_\alpha|}{h}\right) \tag{5.5}$$

其中 f(y) 是位置 y 处的密度估计；n 是城市的数量；h 是带宽或内核密度大小；K 是核函数；$|y - y_\alpha|$ 是城市 y 的位置和城市y_α的位置之间的距离（Anderson，2009）。表面的大小由带宽和内核密度决定。与 GOLS 分析类似，我们采用增量空间自相关的方法来改善适当带宽的选择。通常较优的核密度函数的选择是基于 Silverman 中描述的四次核函数（1986）①。

图 5.7 报告了长江经济带城市群 UCC 值的光滑连续密度表面的 KDE 图。十字形符号代表长江经济带城市群中的我们所研究的样本城市。以红色着色的密度表面是热点，代表 UCC 值较高并且被具有较高 UCC 值的其他区域包围。表面颜色从黄色变为绿色表明逐渐过渡到冷点。图 5.8 中，长江经济带东部地区江苏省区域和长中游地区湖北省区域被确定为热点地区。整体而言，KDE 的结果图类似于 GOLS 热点分析，用以进一步证明长江经济带城市群 UCC 空间差异结果的稳健性。

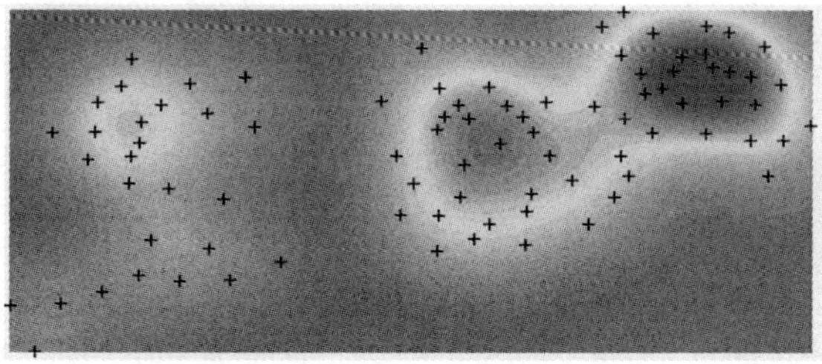

图 5.7　长江经济带城市群综合承载力核密度估计分析图（2014 年）

① 现有的一些研究一般认为核密度函数的选择不会显着影响结果（Shi，2010）。

五、小结

本章开展了一系列关于长江经济带城市群综合承载力的时空差异研究，包括空间自相关，空间聚类和异常值，热点识别和核密度估计。研究的主要结论如下：

一方面，长江经济带城市群 UCC 呈现正的空间自相关关系。但是，各个子系统的空间自相关分别呈现不同的趋势。进一步分析空间聚类和异常值，可以看出，2006～2014 年，86 个城市的空间分异程度有所增加。

另一方面，通过热点分析，可以看出，热点分布集中于东部区域，而冷点分布多集中于西部区域。对长三角城市群和长中游城市群而言，中心城市的 UCC 和他们的卫星城市可以通过互动来加强。空间俱乐部在 2006 年为一个较为连续的区域，而在 2014 年，它们被分解成离散的小区域。这意味着近年来许多中心城市更倾向于在一个小的区域范围内协调合作，而不是整个城市群范围。通过核密度估计来展开的稳健性检验证实了以上的结论。

第二节　长江经济带城市群状态型综合承载力的时间演变及空间差异分析

本节进一步展开对城市群状态型综合承载力（USCC）的时空差异研究。USCC 可以更为真实的反映城市群承载能力的状态，从而支持城市群的可持续发展。

一、时间演变及空间差异分析

图 5.8 给出了 2006 年和 2014 年长江经济带城市群 86 座样本城市群状态型综合承载力的时间演变及空间差异分析图。相应地，表 5.2 提供了 2006 年和 2014 年各样本城市的 USCC 以及各子系统承载力的梯度结构（较高，高，低，较低）。考虑到人口和经济规模的影响，下面的讨论主要集中在长

江经济带的九个省会城市（杭州，合肥，南昌，武汉，长沙，成都，贵阳，昆明）和两个直辖市（上海，重庆）。

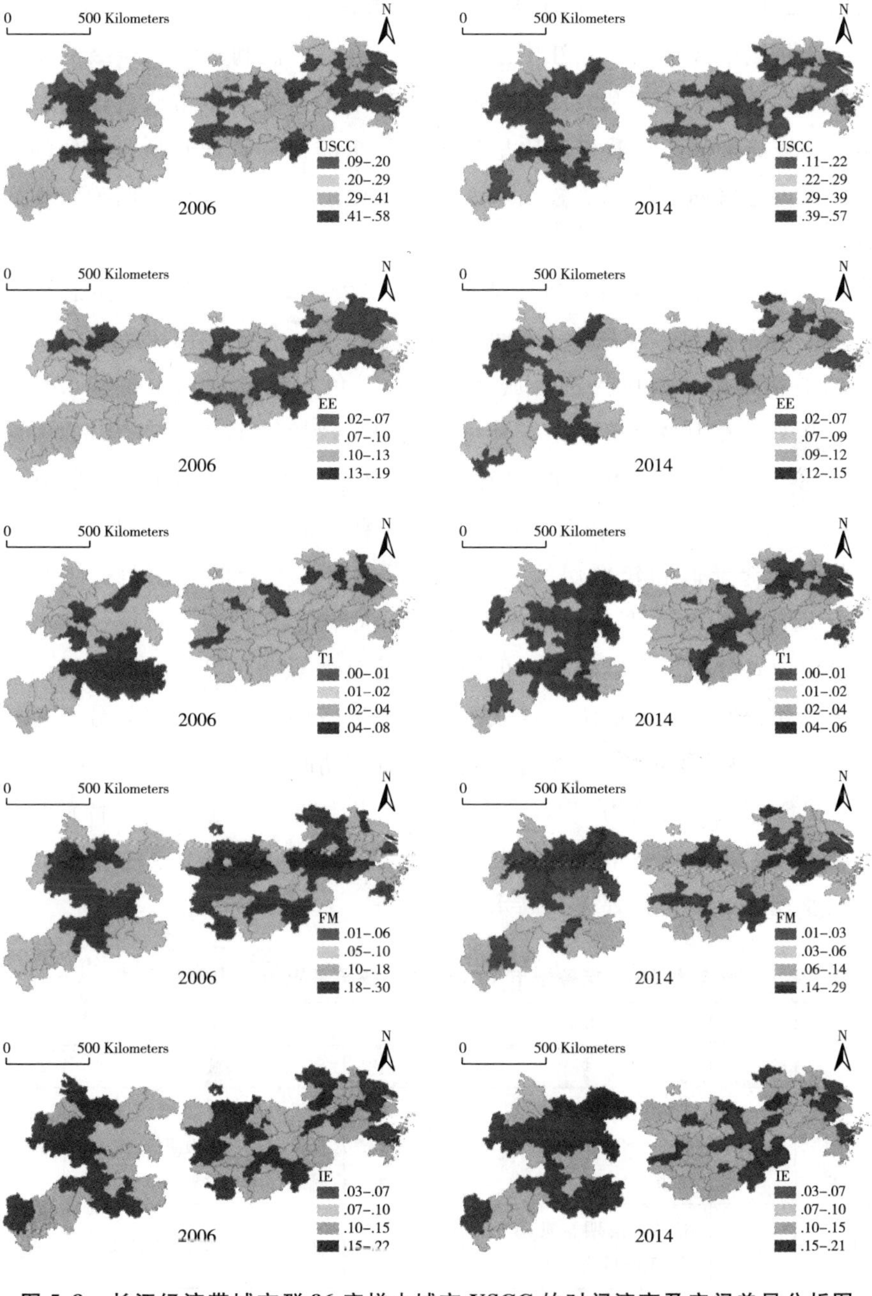

图 5.8　长江经济带城市群 86 座样本城市 USCC 的时间演变及空间差异分析图

整体来看（图 5.8），长江经济带城市群各城市的 USCC 的时空分异特征较为显著，超过一半的城市处于低和较低等级。时间演变结果显示，与 2006 年相比，2014 年 USCC 位于较高层级的城市比例显著上升，从 0.13 上升到 0.21，这些城市大多属于长江中游城市群。但是，低和较低的层级的城市比例基本不变。另外，高和较高层级的城市基本上为省会城市或直辖市。空间分异上，较高 USCC 的城市占比呈现重点偏东的格局，而较低 USCC 的城市占比呈现重心偏西的格局。较高层次城市占比呈现一种由东向西梯级递减的趋势。

从子系统的角度来展开进一步的分析（表 5.2）。首先，对生态环境子系统而言，2014 年占较高和高层级的城市比例与 2006 年相比有所增加，从 0.59 增加到 0.63，其中大部分城市位于长三角城市群和长中游城市群。而成渝，黔中和滇中城市群的生态环境承载力呈现持续下降趋势。其次，对于交通基础设施承载力，较高层次的城市占比从 2006 年（0.08）到 2014 年（0.24）显著上升，但是，对于省会城市和直辖市而言，他们的交通基础设施承载力均降至低和较低层级，除了武汉，南京，合肥和南昌。再次，和 2006 年相比，2014 年要素市场承载力有了大幅度的提高，而且，较高层级的城市均为省会城市及直辖市。但同时，近 70% 城市的要素市场承载力水平却处于低和较低承载力层级，这表明长江经济带要素市场的空间分布极不平衡。最后，多数城市的产业经济承载力在研究期间内有所提升。2014 年占较高和高等级的城市占比为 40%，与 2006 年相比增长了近 54%。特别是，长中游城市群的产业经济承载力提升尤为显著。同时，大部分省会城市和直辖市的产业经济承载力都处于较高水平。

表 5.2　2006 年和 2014 年各城市 USCC 及其各子系统承载力等级分类

承载力	等级	2006 年		2014 年	
		城市	占比	城市	占比
城市群状态型综合承载力	较高	上海、南京、杭州、长沙、成都、合肥、武汉等 11 座城市	0.13	武汉、南京、上海、成都、长沙、合肥、昆明、杭州、南昌等 18 座城市	0.21
	高	南昌、昆明、贵阳、重庆等 25 座城市	0.29	重庆、贵阳等 20 座城市	0.23

续表

承载力	等级	2006年		2014年	
		城市	占比	城市	占比
城市群状态型综合承载力	低	舟山、都匀、宜昌等32座城市	0.37	黄石、荆门、黄山等25座城市	0.29
	较低	娄底、宣城、宜昌等18座城市	0.21	孝感、益阳、鄂州等23座城市	0.27
生态环境子系统	较高	南京、杭州、合肥、成都等21座城市	0.24	武汉、南京、合肥、南昌等12座城市	0.14
	高	南昌、长沙、昆明、上海、贵阳等30座城市	0.35	长沙、成都、杭州、贵阳、昆明、重庆等42座城市	0.49
	低	泰州、武汉、重庆等28座城市	0.33	上海、宣城、咸宁等18座城市	0.21
	较低	南充、安庆、遂宁等7座城市	0.08	自贡、宜宾、凯里等14座城市	0.16
交通基础设施子系统	较高	无锡、南京、合肥等7座城市	0.08	昆明、南京、武汉、合肥等21座城市	0.24
	高	上海、杭州、长沙、成都等37座城市	0.43	台州、安庆、长沙等24座城市	0.28
	低	武汉、南昌、重庆、昆明等28座城市	0.33	杭州、贵阳、成都、南昌、重庆等28座城市	0.33
	较低	贵阳等14座城市	0.16	巢湖、雅安、上海等13座城市	0.15
要素市场子系统	较高	上海、武汉、南京、杭州、成都等5座城市	0.06	上海、武汉、南京、成都、重庆、昆明、杭州、南昌、长沙、合肥、贵阳等12座城市	0.14
	高	长沙、南昌、昆明、重庆、合肥、苏州、贵阳等9座城市	0.10	宁波、无锡、楚雄等14座城市	0.16
	低	楚雄、都匀、凯里等29座城市	0.34	九江、雅安、镇江、等36座城市	0.42
	较低	遵义、马鞍山、淮南等43座城市	0.50	蚌埠、鹰潭、新余等24座城市	0.28

续表

承载力	等级	2006 年		2014 年	
		城市	占比	城市	占比
产业经济子系统	较高	绍兴、南通、苏州等 7 座城市	0.09	上饶、嘉兴、苏州等 9 座城市	0.10
	高	长沙、上海、杭州、合肥、南京、成都、武汉、昆明等 15 座城市	0.17	长沙、合肥、杭州、上海、武汉、成都、南京等 26 座城市	0.30
	低	南昌、贵阳、重庆等 25 座城市	0.29	南昌、昆明、贵阳等 23 座城市	0.27
	较低	遵义、吉安、宜宾等 39 座城市	0.45	凯里、新余、重庆等 28 座城市	0.33

二、小结

综上所述，关于长江经济带城市群 USCC 的时空差异研究的主要结论如下：

一方面，从长江经济带的五大子城市群来看，USCC 长期存在显著的空间差异，且由东向西空间差异情况呈阶梯式递减，这与经济社会发展的活跃程度呈现出正的相关性。这表明长江经济带区域一体化程度较低。其中，长三角城市群和长中游城市群的 USCC 及其各子系统状态承载力均显著高于长江经济带城市群的平均水平；对于成渝城市群而言，它长期处于长江经济带城市群的中间发展水平；而整个研究期间内，黔中和滇中城市群的城市状态承载力始终处于较低水平。USCC 在不同梯度之间的差距主要归因于各子城市群的资源依赖和规模驱动型的发展模式。

另一方面，对城市群内 86 个城市而言，各城市的 USCC 在时间演变和空间分化上均存在显著差异。超过半数的城市的 USCC 属于低和较低层级，占比较高层次城市呈现从东部到西部的梯级下降趋势。大部分较高层级的城市都是省会城市及直辖市。同时，作为长江经济带的核心区域，省会城市/直辖市对周边城市的影响较为显著。此外，首先，长三角城市群和长中游城市群应重点提升生态环境子系统承载力，而成渝、黔中、滇中城市群，其粗放型的增长模式对它们的生态环境承载力产生了负面影响，成为制约其 USCC 增强的重要因素；其次，对于交通基础设施子系统而言，长江经济带城市群整体上发展较为良好，处于一个不断增强的发展过程。但同时，由于交通压力的不断增大，部分省会城市/直辖市的交通基础设施承载力面对这巨大压力；最后，要素市场子系统处于高等级的城市中省会省市级直辖市占比接近 100%，已形成显著的“虹吸效应”，这表明要素市场的空间分布极不平衡，而这种不平衡的发展条件会制约整个长江经济带城市群的区域协调发展。除此之外，整体上，各个城市的产业经济子系统状态承载力均有所提高。在这四个子系统中，产业经济子系统对于 USCC 系统的整体提升和优化变得越来越重要。

| 第六章 |

长江经济带城市群经济增长与综合承载力的关系研究

通过本书第四章和第五章关于长江经济带城市群综合承载力的评价研究及时空差异研究的结果来看，我们发现的一个关键的实证结论是，长江经济带城市群综合承载力长期存在显著的空间差异，且由东向西空间差异情况呈阶梯式递减，这与各子城市群的经济社会发展的活跃程度呈现出正的相关性。这从实证上验证了本书第三章关于经济增长与城市群综合承载力之间的理论机理分析，即城市群综合承载力作为经济增长的支撑系统，各子系统共同影响着经济的增长速度和发展模式；经济增长作为推动城市群综合承载力动态演替的动力系统，其速度和结构的发展变化共同影响着城市群综合承载力。城市群的可持续发展是以实现城市群综合承载力所包含的人口、资源、环境等要素与经济增长之间的协调发展为基础。也就是说，分析经济增长与城市群综合承载力的双向关系，有助于探索如何在城市群综合承载力的基础上实现城市群经济的高质量发展，以及探究城市群综合承载力动态阈值这两个关键问题，从而进一步深入研究提升城市群综合承载力、实现城市群可持续发展的问题。为此，本章构建了一个空间面板联立方程模型，实证检验了作为城市群可持续发展的动力系统即经济增长与作为城市群可持续发展的支撑系统即城市群综合承载力之间的双向关系和内在关联，以进一步分析长江经济带城市群发展的可持续性。

本章的贡献点可能有以下几点，一方面，在研究内容上，关于城市群可持续发展问题的研究，大多通过分析环境污染、能源消耗与经济增长之间的关系，验证环境库兹涅茨曲线的存在。但是，实际上，城市群的可持续发展是以一个由人口、环境、基础设施等要素的复杂系统与经济增长之间的协调发展为基础的。因此，仅考虑环境污染等单一要素与经济增长之间的关系来分析城市群的可持续发展问题是不够全面的，而城市群综合承载力所包含的综合要素以及所具有的相对极值和动态阈值的属性，可以较为全面的定义和识别增长的极限以准确评定城市群可持续发展这一问题。因此，在本书所构建的城市群综合承载力评价指标体系[①]的基础上，为避免综合指标体系可能存在的内生性问题，本章剔除了产业经济子系统，选取了支撑城市群发展的生态环境（EE），综合交通（CT）和要素市场（FM）三大领域，作为本章城市群综合承载力的构成子系统，以衡量城市群可持续发展的支撑能力。另一方面，在研究方法上，关于经济增长与承载力两者之间的研究多为理论研究，从实证角度出发开展两者之间的相互关系的研究尚显不足，而选用空间计量法进行两者之间的双向关系的实证研究则更为缺乏，本章建立了一个包含经济增长和城市群综合承载力的空间联立方程模型，运用空间统计学和空间计量学方法，从地理特征和社会经济特征两个方面实证探究了两者之间的双向影响和动态关系，克服了以往研究中仅选用地理权重的偏误性，为实现城市群的可持续发展提供了较为准确的实证依据。

本章后续结构如下：第一部分是本章所评价的城市群综合承载力的支撑系统指标选取与评价结果；第二部分讨论计量方法、构建计量模型及研究对象的说明；第三部分对回归结果进行分析；第四部分是本章小结。

第一节　城市群综合承载力支撑系统的指标选取和评价结果

一、城市群综合承载力支撑系统的指标选取

根据本书关于城市群综合承载力的定义，即城市群综合承载力是一个由

① 详见本书第三章，第二节第二小节。

资源承载能力（Onishi，1994；Zhang et al.，2016），生态环境承载力（Kessler，1994；Yu and Mao，2002；Hui，2015）、城市基础设施承载力（Hardin，1992；Sarma et al.，2012；Jiang et al.，2017）以及其他社会资源承载力（Shi et al.，2004；Oh et al.，2005；Liu and Borthwick，2011）等组成的复杂系统，综合承载力各子系统的要素对流、城市群内部各凝聚子群的协调发展以及城市群内部各城市功能的优化提升共同影响着城市群综合承载力，而城市群综合承载力的优化提升是决定城市群可持续发展的关键因素（Ma et al.，2017）。基于本书所构建的城市群综合承载力评价指标体系（表3.1），为避免综合指标体系可能存在内生性的问题，本节剔除了产业经济子系统，选取了支撑城市群发展的生态环境（EE），综合交通（CT）和要素市场（FM）三大领域，下设32个基础指标（表6.1[①]），作为本节城市群综合承载力的构成子系统，以衡量城市群可持续发展的支撑能力。

表6.1　　　　指标体系及权重

子系统（权重）	基础指标（单位）	权重	效应
生态环境（0.27）	X1-人均水资源量（万吨）	0.05	+
	X2-人均综合用水量（万吨）	0.03	+
	X3-污水处理率（%）	0.02	-
	X4-人均污水排放量（m^3）	0.02	-
	X5-人均工业烟（粉）尘排放量（吨）	0.04	-
	X6-人均绿地面积（km^2）	0.03	+
	X7-建成区绿化覆盖率（%）	0.03	+
	X8-生活垃圾无害处理率（%）	0.05	+
综合交通（0.22）	X9-水运货物运量（万吨）	0.01	-
	X10-水运旅客运量（万人）	0.01	-
	X11-铁路货物运量（万吨）	0.01	-
	X12-铁路旅客运量（万人）	0.01	-
	X13-公路货物运量（万吨）	0.01	-

① 表6.1包括指标体系和基本指标的权重。本书第四章，第一节第一小节详细说明了权重测定的方法。基础指标的项目符号与第三章表3.1中的指标符号相对应。

续表

子系统（权重）	基础指标（单位）	权重	效应
综合交通（0.22）	X14－公路旅客运量（万人）	0.02	－
	X15－民用汽车拥有量（万人）	0.05	－
	X16－每万人拥有公共汽车（量）	0.02	－
	X17－人均城市道路面积（m^2）	0.03	+
	X18－人均公路里程（km）	0.05	+
要素市场（0.51）	X19－人口自然增长率（%）	0.03	－
	X20－市辖区年均人口数（万人）	0.01	－
	X21－每万人拥有医院床位数（床）	0.02	+
	X22－每千人拥有医生数（人）	0.02	+
	X23－普通高等学校数目（所）	0.07	+
	X24－中小学学校数目（所）	0.03	+
	X25－平均高校教师数量（名）	0.06	+
	X26－普通高等学校在校学生数（万人）	0.06	+
	X27－人均国内专利授权数量（件/人）	0.03	+
	X28－人均各项存款余额（元/人）	0.04	+
	X29－人均各项贷款余额（元/人）	0.07	+
	X30－人均行政区域土地面积（m^2）	0.03	+
	X31－人均城市建设用地面积（m^2）	0.02	－
	X32－人均居住地面积（m^2）	0.02	－

二、城市群综合承载力支撑系统的评价结果

本节城市群综合承载力支撑系统的评估方法、评价对象及数据来源见本书第四章内容。表6.2为本节所分析的2006～2014年长江经济带各子城市群综合承载力和各子系统承载力评价值。

表 6.2　2006~2014 年长江经济带各子城市群综合承载力支撑系统和各子系统承载力评价值

系统	城市群	2006 年	2007 年	2008 年	2009 年	2010 年	2011 年	2012 年	2013 年	2014 年
城市群综合承载力支撑系统	长三角城市群	11.8957	11.4260	11.3107	11.7399	10.5347	10.8225	10.8692	10.6019	11.2687
	长中游城市群	11.4871	10.8227	10.9470	11.4175	10.6817	11.3923	11.3026	10.6308	11.3944
	成渝城市群	5.6434	5.4348	5.6571	5.6930	5.4614	5.8440	5.8517	5.2134	5.8692
	黔中城市群	2.4952	2.3222	2.3093	2.3271	2.0362	2.4898	2.4161	2.1613	2.4063
	滇中城市群	1.5824	1.4846	1.4392	1.4346	1.3695	1.4493	1.4833	1.3948	1.5264
	平均值	6.6208	6.2981	6.3327	6.5224	6.0167	6.3996	6.3846	6.0004	6.4930
	极差值	10.3133	9.9414	9.8715	10.3053	9.3122	9.9430	9.8193	9.2360	9.8680
生态环境	长三角城市群	3.6948	3.1451	2.9397	2.8350	2.2801	2.7525	2.9697	2.0756	3.3013
	长中游城市群	3.5563	3.0612	3.1607	3.0405	2.4818	2.9500	3.1587	2.1792	3.6906
	成渝城市群	1.6300	1.4881	1.4983	1.4527	1.2111	1.4025	1.4894	1.0601	1.6181
	黔中城市群	0.7779	0.6574	0.6279	0.5782	0.5325	0.6062	0.6416	0.4376	0.6862
	滇中城市群	0.5212	0.4265	0.4194	0.4070	0.3276	0.4011	0.4173	0.2649	0.4261
	平均值	2.0360	1.7556	1.7292	1.6627	1.3666	1.6225	1.7353	1.2035	1.9445
	极差值	3.1736	2.7185	2.7413	2.6335	2.1542	2.5489	2.7414	1.9144	3.2645
综合交通	长三角城市群	2.7653	2.8055	2.9840	3.5037	3.7821	3.6338	3.0942	3.2779	2.9236
	长中游城市群	3.0546	2.9088	3.1055	3.6507	3.9742	3.9231	3.4031	3.5565	3.2342
	成渝城市群	1.4760	1.4277	1.6153	1.8186	1.9266	2.0163	1.7455	1.7020	1.7213
	黔中城市群	0.5839	0.5541	0.6305	0.7181	0.7634	0.8098	0.6982	0.7189	0.6746
	滇中城市群	0.3610	0.3402	0.3989	0.4283	0.4499	0.4260	0.3908	0.4373	0.4076
	平均值	1.6482	1.6072	1.7468	2.0239	2.1792	2.1618	1.8664	1.9385	1.7923
	极差值	2.6936	2.5686	2.7066	3.2224	3.5243	3.4971	3.0123	3.1192	2.8266

续表

系统	城市群	2006年	2007年	2008年	2009年	2010年	2011年	2012年	2013年	2014年
要素市场	长三角城市群	3.0282	3.1935	2.9540	3.3147	3.0701	2.2811	2.4608	3.2220	3.0160
	长中游城市群	2.4750	2.5127	2.2305	2.6459	2.8161	2.2974	2.3609	2.8050	2.3938
	成渝城市群	1.2505	1.2713	1.2160	1.2958	1.4657	1.1501	1.2261	1.3511	1.3963
	黔中城市群	0.5905	0.6056	0.5223	0.5550	0.4917	0.5247	0.4788	0.5067	0.5704
	滇中城市群	0.4187	0.4521	0.3180	0.3641	0.4145	0.3376	0.3712	0.4247	0.4471
	平均值	1.5525	1.6070	1.4482	1.6351	1.6516	1.3182	1.3796	1.6619	1.5647
	极差值	2.6095	2.7413	2.6360	2.9506	2.6556	1.9598	2.0896	2.7973	2.5689

第二节　实证方法与模型构建

一、空间自相关检验

首先对被解释变量进行空间相关性的检验。空间统计学一般使用统计量 Moran's I（Anselin L.，1988）对其进行检验，计算方法如下：

$$\text{Moran's I} = \frac{\sum_{i=1}^{n}\sum_{j=1}^{n} w_{ij}(Y_i - \bar{Y})}{S^2 \sum_{i=1}^{n}\sum_{j=1}^{n} w_{ij}} \tag{6.1}$$

其中，$S^2 = \frac{1}{n}\sum_{i=1}^{n}(Y_i - \bar{Y})^2, \bar{Y} = \frac{1}{n}\sum_{i=1}^{n} Y_i$。本节选取最常见的相邻法设置地理特征下的空间权重矩阵w_{ij}，即当两地区地理邻近时$w_{ij}=1$，地理不相邻时$w_{ij}=0$。全局 Moran 指数揭示区域活动的全局空间相关性，当 Moran 指数大于 0 时为空间正相关，小于 0 时为空间负相关，其绝对值越大，所检验变量的空间相关性越强。而 Moran 散点图用以研究空间单元所具有的局部的空间集聚特征。

二、普通面板联立方程模型

联立方程模型是在单一方程模型的基础上提出来的。单一方程模型只含有一个被解释变量和若干个解释变量，主要是用单一方程来描述某一经济变量与影响该变量的诸多因素之间的因果关系，适用于单一经济现象的研究。但经济现象错综复杂，许多经济变量之间存在着相互依存、互为因果的双向或多向因果关系，要想充分反映这种关系，需要运用由若干方程所构成的模型，而此模型中的每一个方程均反映了变量间所存在的因果关系，而所研究的经济系统存在多少因果关系，对应的联立方程模型中就有相应个方程，这样的模型就称为联立方程模型。

（一）联立方程模型的关键变量

为了更清楚的说明联立方程模型中变量的性质，本节在环境库兹涅茨曲线（EKC）模型（Grossman and Krueger，1995）的基础上，构建了一个基本的包含城市群综合承载力和经济增长的普通面板联立方程模型，为减少变量之间的差异程度和异方差的影响，对变量分别取对数，并考虑两者之间的二次函数关系①：

$$\text{模型 1：} \ln(UCC_{it}) = \alpha_{1i} + \gamma_{1t} + \beta_1 \ln(GDP_{it}) + \beta_2[\ln(GDP_{it})]^2 + \varphi_{1i}\ln Z_{it} + \varepsilon_{it} \quad (6.2)$$

$$\text{模型 2：} \ln(GDP_{it}) = \alpha_{2i} + \gamma_{2t} + \theta_1 \ln(UCC_{it}) + \theta_2[\ln(UCC_{it})]^2 + \varphi_{2i}\ln X_{it} + \mu_{it}$$

$$i = 1, \cdots, N;\ t = 1, \cdots, T. \quad (6.3)$$

联立方程模型主要所包含的变量有内生变量与前定变量两类。内生变量是指由系统内部决定的变量，也就是说，内生变量为某个方程中的被解释变量，也可能为其他方程里的解释变量，在方程组（6.2）、（6.3）中，ln（UCC_{it}）和 ln（GDP_{it}）为联立方程模型的内生变量。而前定变量是指由系统外部的因素所决定的变量，包含了外生变量及滞后内生变量，在方程组（6.2）、（6.3）中，$[\ln(GDP_{it})]^2$和$[\ln(UCC_{it})]^2$为外生变量。同时，i 为截面单位，t 为年份，α_i为个体效应，γ_t为时间效应，β_1、β_2、θ_1和θ_2为待估计参数，ε_{it}、μ_{it}为随机扰动项。UCC_{it}为城市群综合承载力，GDP_{it}是利用 GDP 平减指数（2006 年设为 100）做消胀处理后的人均实际 GDP，Z_{it}为影响城市群综合承载力的一组控制变量，X_{it}为影响经济增长的一组控制变量。

（二）联立方程模型的识别与估计方法

1. 联立方程模型的识别

在对联立方程模型的总体参数进行估计之前，必须考虑模型的识别问题，即能否从简化式模型参数估计值中导出结构式模型的参数估计值，如果

① 我们也尝试考虑两者之间的对数三次项函数关系，但由于部分变量的三次项系数并不显著，因此为实现分析的可比性，本书仅采用二次项方程进行回归分析。

能够，则说明该方程是可识别的，反之，则是不可识别的，也就无法估计出其系数。模型的解能分为三种情况：无解、唯一解、多个解，与此相对的，联立方程的识别也可分为不可识别、恰好识别、过度识别。

假设 m 是联立方程模型中所包含的内生变量的个数，m_i是联立方程模型中第 i 个方程中所包含的内生变量的个数，k 是联立方程模型中所包含的前定变量的个数，k_i是联立方程模型内第 i 个方程所包含的前定变量的个数。

若$m_i + k_i > k + 1$，则该方程是不可识别的；

若$m_i + k_i = k + 1$，则该方程是恰好识别的；

若$m_i + k_i < k + 1$，则该方程是过度识别的。

2. 联立方程模型的参数估计

估计联立方程模型的方法包括单方程估计法及系统估计法两种。

单方程估计法是指在估计模型时，对每一个方程都进行单独地估计，而不考虑其他方程对该方程的约束问题，该方法主要解决的是联立方程模型系统中每一个方程中的随机解释变量问题，而没有利用其余方程对该方程所产生的约束等有关的信息，因此又被称为有限信息估计法。目前，单方程估计法有：普通最小二乘法（OLS）、间接最小二乘法（ILS）、工具变量法（LV）、二阶段最小二乘法（2SLS）以及有限信息最大似然法（LI/ML）。

系统估计法是指利用模型系统所提供的全部信息，同时估计联立方程模型中所包含的所有方程。常用的估计方法有两阶段最小二乘法（2SLS）、三阶段最小二乘法（3SLS）及完全信息极大似然法（FI/ML）等。两阶段最小二乘法（2SLS）是由泰尔（Theil）和巴斯曼（Basemanll）分别于 1953 年和 1957 年提出，是间接最小二乘法与工具变量法相结合，它不需要通过参数关系式求解结构参数，应用较为普遍。三阶段最小二乘法（3SLS）是 Theil and Zellner 于 1962 年提出的系统估计方法，该方法是两阶段最小二乘法的逻辑推广，也具有更好的渐进有效性，该方法能克服各个结构式方程随机误差项同期相关问题的估计方法，因此，本章的研究也主要应用三阶段最小二乘法进行估计。

三、空间面板联立方程模型

通过空间相关性检验之后，本节进一步引入空间因素以建立空间面板数据模型。Anselin（1988）将经典计量经济学中忽视的空间因素纳入模型中，根据观测值空间相关性的不同冲击方式，将空间计量模型分为空间滞后模型（spatial lag model，SLM）和空间误差模型（spatial error model，SEM）。依据 Elhorst（2012）的研究，对于本章所建立的模型 1，相应的 SLM 如公式（6.4）和 SEM 如等式（6.5）：

$$\ln(UCC_{it}) = \alpha_{1i} + \gamma_{1t} + \rho_1 W_{kron}\ln(UCC_{it}) + \beta_1\ln(GDP_{it}) + \beta_2[\ln(GDP_{it})]^2 + \varphi_{1i}\ln Z_{it} + \varepsilon_{it} \tag{6.4}$$

$$\ln(UCC_{it}) = \alpha_{1i} + \gamma_{1t} + \beta_1\ln(GDP_{it}) + \beta_2[\ln(GDP_{it})]^2 + \varphi_{1i}\ln Z_{it} + \varepsilon_{it}$$

$$\varepsilon_{it} = \lambda W_{kron}\varepsilon_{it} + \mu_{it},\ \mu_{it} \sim N(0,\ \sigma_{it}^2) \tag{6.5}$$

模型 2 的分析与上述相同，具体的估计模型如下：

$$\ln(GDP_{it}) = \alpha_{2i} + \gamma_{2t} + \rho_2 W_{kron}\ln(GDP_{it}) + \theta_1\ln(UCC_{it}) + \theta_2[\ln(UCC_{it})]^2 + \varphi_{2i}\ln X_{it} + \mu_{it} \tag{6.6}$$

$$\ln(GDP_{it}) = \alpha_{2i} + \gamma_{2t} + \theta_1\ln(UCC_{it}) + \theta_2[\ln(UCC_{it})]^2 + \varphi_{2i}\ln X_{it} + \mu_{it}$$

$$\mu_{it} = \eta W_{kron}\mu_{it} + \delta_{it}, \delta_{it} \sim N(0, \sigma_{it}^2) \tag{6.7}$$

式中，ρ 为空间滞后因子，φ 为空间误差因子。对于空间面板数据模型，需要用克罗内克积$W_{kron} = I_T \otimes W_N$来代替截面空间模型中的$W_N$，$W_N$为 $n \times n$ 阶的空间权重矩阵，I_T是 $T \times T$ 阶的单位时间矩阵，$\otimes$是克罗内克积。ε_{it}为随机干扰项向量，满足条件 $E(\varepsilon_{it}) = 0, Cov(\varepsilon_{it}) = \sigma^2 I$。

最后，对模型 1 而言，经济增长对城市群综合承载力存在以下可能的关系：第一，当$\beta_1 > 0$ 且$\beta_2 < 0$，两者之间呈倒“U”形关系，且拐点的收入值为 exp（ $0.5\ \widehat{\beta_1}/\widehat{\beta_2}$）；第二，如果$\beta_1 > 0$ 且$\beta_2 > 0$，城市群综合承载力随着经济增长的增加而单调增加；第三，如果$\beta_1 < 0$ 且$\beta_2 < 0$，城市群综合承载力随着经济增长的增加而单调递减；第四，如果$\beta_1 < 0$ 且$\beta_2 > 0$，两者关系为“U”形。对模型 2 的分析同上。

上述模型包括两类关键变量：第一，我们主要关注内生变量，包括城市群综合承载力和经济增长。第二，在模型中我们也选取了一些可能对城市群综合承载力和经济增长产生影响的变量作为控制变量，具体包括：1. 能效水平（tec），选择单位 GDP 电耗来表示，单位 GDP 电耗越大说明技术水平越低。2. 财政收入水平（fr），采用人均财政收入水平测度。财政收入水平越高说明地区经济发展越好，财政资金越有保障。3. 财政支出水平（fe），采用人均财政支出水平测度。在一定程度上反映了政府投资与政府消费，即政府在公共卫生、基础教育、基础设施等领域的投入水平。4. 城市化率（urb），采用各城市非农人口占总人口的比重测度。城市化率用以评价城市化的发展水平。5. 外商直接投资（fdi），用各城市外商直接投资的实际金额来表征。外商直接投资是区域经济增长差异的主要驱动因素之一。6. 产业结构（ind），采用第二产业增加值占 GDP 的比重来表征，反映经济发展的结构特征。

除此之外，对模型一而言，本章引入城市群综合承载力各子系统与人均实际 GDP 的交乘项作为控制变量来分析其对城市群综合承载力的影响，二者相匹配时子系统对城市群综合承载力具有正效应，反之则具有负效应。同理，对模型二而言，我们引入城市群综合承载力各子系统承载力与城市群综合承载力系统的交乘项作为控制变量来分析其对经济增长的影响。

四、研究样本和数据来源

本节所选用研究样本和数据来源见本书第四章第一节研究对象及数据来源，同时，由于统计年鉴中样本数据的可得性，与本书第四章所选取的研究对象相比较而言，本节的评价对象选取了长江经济带城市群中的 84 座样本城市（见表 6.3），本章删除了黄山、巢湖、蚌埠、淮南 4 座城市，添加了盐城、金华 2 座城市。本节选取的控制变量的数据来源于《中国城市统计年鉴》和《各省市国民经济和社会发展公报》，大多数指标直接采用年鉴中的原始数据，个别缺失数据通过移动平滑法补齐，表 6.4 对各个变量的统计特征进行了汇总。

表 6.3　　　　长江经济带城市群 84 座城市

长三角城市群	上海、南京、无锡、常州、苏州、南通、盐城、扬州、镇江、泰州、杭州、宁波、嘉兴、湖州、绍兴、金华、舟山、台州、合肥、芜湖、马鞍山、铜陵、安庆、滁州、池州、宣城共 26 个市
长中游城市群	武汉、黄石、鄂州、黄冈、孝感、咸宁、仙桃、潜江、天门、襄阳、宜昌、荆州、荆门、长沙、株洲、湘潭、岳阳、益阳、常德、衡阳、娄底、南昌、九江、景德镇、鹰潭、新余、宜春、萍乡、上饶、抚州、吉安共 31 个市

续表

成渝 城市群	重庆、成都、自贡、泸州、德阳、绵阳、遂宁、内江、乐山、南充、眉山、宜宾、广安、达州、雅安、资阳共16个市
滇中 城市群	昆明、曲靖、玉溪、楚雄共4个市
黔中 城市群	贵阳、六盘水、遵义、安顺、毕节、凯里、都匀共7个市

表6.4　　　　各个变量的统计特征

变量	样本数	均值	标准误	最小值	最大值
城市综合承载力 UCC	756	408.74	61.46	257.66	645.97
全市人均实际 GDP（元）	756	30904.28	36217.98	4528.5	541108.3
单位地区生产总值电耗 tec（千瓦时/万元）	756	569.33	558.7	13.87	3826.94
人均财政收入水平 fr（元/人）	756	3418.17	5669.34	98.77	89791.52
人均财政支出水平 fe（元/人）	756	5674.29	8206.66	458.7	116685.5
城市化率 urb（%）	756	30.91	18.14	3.92	99.79
外商直接投资 fdi（万美元）	756	97908.56	205531.30	105	1816593
全市第二产业比重 ind（%）	756	51.20	7.87	20.71	74.73
生态环境子系统承载力 eco	756	146.88	26.93	72.31	238.21
综合交通子系统承载力 trans	756	142.57	23.50	68.72	220.32
要素市场子系统承载力 fac	756	119.29	60.02	48.05	408.81

第三节　实证检验和结果分析

一、空间自相关检验结果分析

首先，本节利用 ArcGis10.2 绘制了长江经济带城市群 84 座城市的城市群综合承载力和经济增长的地理分位图，运用 GeoDa 软件计算得到其 Moran

指数（表6.5）。可以看出，城市群综合承载力和经济增长均显著地呈现出正的空间相关性，说明影响城市群综合承载力和经济增长的各变量能够通过空间溢出效应影响相邻区域的城市群综合承载力和经济增长，且各变量一定水平上通过随机干扰项对相邻区域产生影响。因此，OLS估计的结果是有偏的，在分析时需采用空间计量模型进行估计。

表6.5　　　　　　　　　　空间自相关检验结果

	2006年	2007年	2008年	2009年	2010年	2011年	2012年	2013年	2014年
城市群综合承载力	0.133*** (3.208)	0.147*** (3.529)	0.146*** (3.510)	0.159*** (3.786)	0.101*** (2.490)	0.053* (1.439)	0.083*** (2.105)	0.067** (1.742)	0.060** (1.609)
人均实际GDP	0.548*** (7.321)	0.552*** (7.374)	0.553*** (7.384)	0.544*** (7.266)	0.532*** (7.111)	0.526*** (7.041)	0.430*** (5.846)	0.425*** (5.788)	0.505*** (6.766)

注：*、**、***分别表示在10%、5%、1%的水平下通过了显著性检验；括号内为z统计量。

其次，从Moran散点图（见图6.1和图6.2）可以看出，长江经济带城市群综合承载力的观测值相比于经济增长表现出较为分散的现象，但并不是处于完全的随机分布状态，较多观测值处于低观测值单元。同时，城市群内各城市的经济增长呈现较为明显的规律，即经济增长较高的地区其临近地区的经济增长也较高，而经济增长较低的地区其临近地区的经济增长也较低，且较多观测值位于第三象限，经济增长的扩散效应与相关性较为明显。

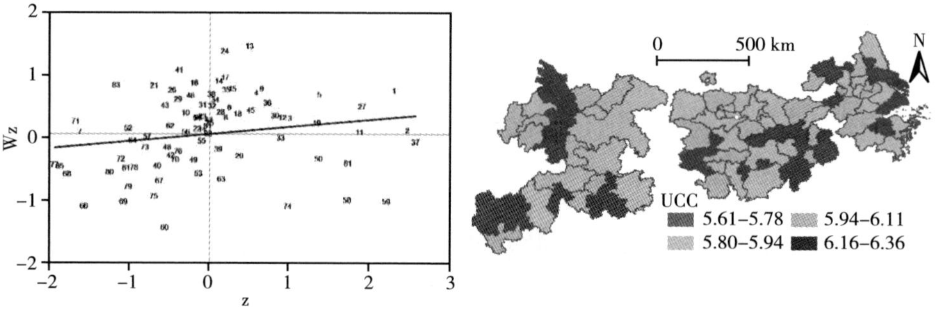

图6.1　2014年长江经济带城市群综合承载力的Moran散点图及地理分位图

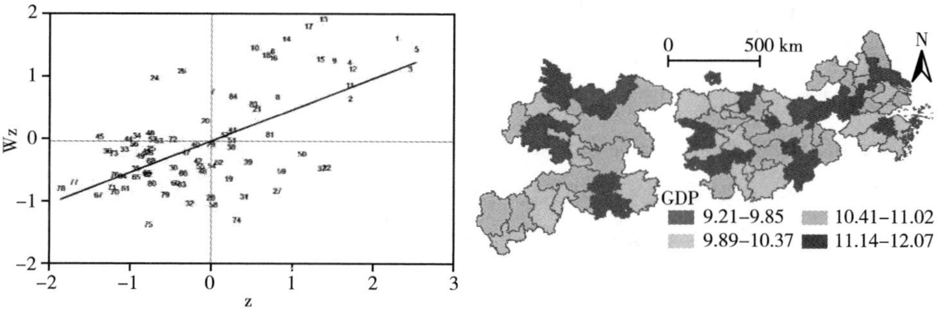

图 6.2　2014 年长江经济带城市群经济增长的 Moran 散点图及地理分位图

二、结果与分析

面板 SLM 模型和面板 SEM 模型的估计借助 Matlab7.0 软件来实现。经 Hausman 检验，选用固定效应模型。另外，对于空间计量模型的选择，按照 Anselin et al.（2004）的研究，以空间相关性和对数似然函数值（LogL）等检验结果作为模型选取的判断依据，即 LogL 值越大，LM 值越显著，模型的拟合效果越好。为便于比较分析，我们通过不同模型的估计结果，进行讨论和研究。

（一）地理权重下经济增长对城市群综合承载力的影响分析

对地理权重下经济增长对城市群综合承载力的影响分析，我们选择 SEM 模型（表 6.6）。首先，与 OLS 结果相比，有更多的解释变量通过了显著性检验，说明考虑空间外溢的情况下，解释变量对被解释变量的影响更加显著。其次，城市群综合承载力的空间滞后因子 ρ 和空间误差因子 γ 的系数显著为正，说明城市群综合承载力存在较强的空间联动性和依赖性，且空间误差因子系数为 0.405，较大的空间误差因子表明空间外部性主要通过误差冲击的空间传递方式实现。最后，经济发展水平的系数 $\beta_1>0$ 且 $\beta_2<0$，说明随着经济增长，城市群综合承载力先上升后下降，二者呈倒“U”形曲线关系，这与环境库兹涅茨曲线模型所考察的结果相一致。究其原因，在经济增长的初期，城市群综合承载力会随着经济的发展不断增强，但随着经济增长

的不断加快，城市群的发展进入了和承载力相关的发展瓶颈阶段，包括环境污染严重、基础设施滞后、城市中心人口压力过大等问题。也就是说，经济的持续高速增长可能会使城市群综合承载力进入倒“U”形曲线拐点。除此之外，我们所考察的生态环境子系统、综合交通子系统及要素市场子系统与经济增长的交互项系数均为正，说明各子系统承载力与经济增长有较高的匹配度且对城市群综合承载力的空间外溢效应产生了正向的影响。

表 6.6　地理权重下经济增长对城市群综合承载力影响的估计结果

变量	OLS 模型	SLM 模型	SEM 模型
lnGDP	0.7637*** (44.7572)	0.7583*** (45.2706)	0.7423*** (43.2965)
[lnGDP]^2	-0.0581*** (-85.9052)	-0.0576*** (-85.9120)	-0.0570*** (-85.0537)
Lntec	-0.0027 (-0.9009)	-0.0040 (-1.3688)	-0.0055* (-1.9072)
Lnfr	-0.0092 (-1.4328)	-0.0100* (-1.6006)	-0.0252*** (-3.7599)
Lnfe	0.0055 (0.8351)	0.0064 (0.9948)	0.0285*** (4.2961)
Lnurb	0.0114*** (3.3625)	0.0111*** (3.3589)	0.0106*** (3.4057)
Lnfid	-0.0076*** (-3.9132)	-0.0086*** (-4.5258)	-0.0049*** (-2.5824)
Lnind	-0.1125*** (-7.2638)	-0.1209*** (-7.9106)	-0.1120*** (-7.1765)
lneco × lnGDP	0.0439*** (33.8408)	0.0442*** (34.7454)	0.0450*** (35.9109)
Lntrans × lnGDP	0.0263*** (21.2591)	0.0260*** (21.3899)	0.0266*** (20.0601)
Lnfac × lnGDP	0.0264*** (63.7468)	0.0263*** (64.7611)	0.0252*** (56.8139)
P	—	0.0107*** (4.5470)	—

续表

变量	OLS 模型	SLM 模型	SEM 模型
Φ	—	—	0.4050 *** (9.8654)
R^2	0.8903	0.8932	0.8854
$Sigma^2$	0.0035	0.0033	0.0030
LogL	—	1085.5707	1112.1756
空间依赖性诊断	统计值		P 值
LM（lag）	20.0714		0.0000
R - LM（lag）	16.6884		0.0000
LM（error）	76.9917		0.0000
R - LM（error）	73.6087		0.0000

注：***、*分别表示在1%、10%的显著性水平上显著；括号内为渐进的t统计量。

（二）地理权重下城市群综合承载力对经济增长的影响分析

第一，我们选取SEM模型分析地理权重下城市群综合承载力对经济增长的影响（见表6.7）。

第二，经济增长的空间误差因子系数为0.556，说明地区经济增长与周围区域的经济增长的随机冲击有着密切关联，即影响一个地区经济增长的其他因素还会对周围地区的经济增长产生间接的扩散效应。

第三，城市群综合承载力的一次项系数显著为负（-9.0754），二次项系数显著为正（0.8047），表明随着城市群综合承载力的增强，经济增长呈现出先放缓后上升的发展态势，二者呈“U”形曲线关系。究其原因，我们认为在城市群发展的初期，支撑经济增长的各项要素较为充裕，城市群综合承载力相对较强，随着城市群的不断发展，虽然理论上城市群综合承载力的绝对值不断增大，但相对于经济的高速增长，城市群综合承载力对经济增长的支撑作用可能会出现相对减弱的态势，这可能是由城市群人口快速增加、能源资源约束日益增强、生态环境承载能力逐渐减弱等一系列城市群发展问题的出现所导致的，进而引起经济增长出现放缓的态势。也就是说，在城市群发展初期，相对增长的城市群综合承载力不足以支撑长时期的高速经济增长，二者之间处于一种相对不协调的发展水平，经济增长呈放缓趋势，处于“U”形曲线拐点前期，这与目前中国经济进入新常态时期的阶段特征相符。而到了一定的发展阶段，当城市群综合承载力与经济增长转为协调发展时，城市群综合承载力对经济增长的支撑能力相对为正，跨越了“U”形曲线拐点，经济增长水平随着城市群综合承载力的增强而不断提升，实现了城市群的可持续发展。

此外，综合交通子系统与城市群综合承载力的交互项系数显著为正，而生态环境子系统和要素市场子系统与城市群综合承载力的交互项系数并不显著。

表 6.7　地理权重下城市群综合承载力对经济增长影响的估计结果

变量	OLS 模型	SLM 模型	SEM 模型
lnUCC	0.3121** (1.9965)	-10.3435** (-2.5201)	-9.0754*** (-2.7442)
[lnUCC]^2	0.1207** (2.2117)	0.9856*** (3.0576)	0.8047*** (3.0853)
Lntec	0.0469*** (3.0559)	0.0364** (2.1943)	0.0393*** (2.7111)
Lnfr	0.4185*** (13.7883)	0.3917*** (12.0980)	0.4190*** (14.3437)
Lnfe	0.0001 (0.0005)	0.0647* (1.6223)	0.0460 (1.3590)
Lnurb	0.0116 (0.6544)	0.0069 (0.3928)	-0.0031 (-0.2137)
Lnfid	0.1022*** (9.9337)	0.1041*** (10.0508)	0.0603*** (6.2090)
Lnind	0.5537*** (7.3556)	0.6002*** (8.0073)	0.7327*** (10.6469)
lneco × lnUCC	-0.0646** (-2.4892)	-0.0623* (-1.8525)	-0.0183 (-0.6391)
Lntrans × lnUCC	0.0255 (1.4964)	0.0612*** (3.1422)	0.0645*** (3.9269)

续表

变量	OLS 模型	SLM 模型	SEM 模型
Lnfac × lnUCC	-0.0580*** (-3.9216)	-0.0568*** (-3.4306)	-0.0231 (-1.5862)
P	—	-0.0103 (-0.3811)	—
Φ	—	—	0.5560*** (16.1924)
R^2	0.8370	0.8432	0.8352
$Sigma^2$	0.0931	0.0893	0.0634
LogL	-	-160.5619	-58.1016
空间依赖性诊断	统计值		P 值
LM (lag)	1.9262		0.165
R-LM (lag)	12.5089		0.0000
LM (error)	250.0805		0.0000
R-LM (error)	260.6632		0.0000

注：***、**、*分别表示在1%、5%、10%的显著性水平上显著；括号内为渐进的t统计量。

（三）经济增长和城市群综合承载力的关系研究

根据表6.6和表6.7的估计结果，我们在图6.3中展示了经济增长和城市群综合承载力之间的关系。因为人均实际GDP的样本区间是4528元到541108元，对应的对数值区间是（8.4，13.2），而城市群综合承载力的样本区间为257到645，对应的对数值区间是（5.5，6.5）。为便于分析，我们将分析区间做适当扩大，具体如图6.3所示。

经计算，经济增长的“U”形曲线拐点是城市群综合承载力约为403，而城市群综合承载力的倒“U”形曲线拐点是人均实际GDP约为2980元。也就是说，一方面，当人均实际GDP越过拐点后，城市群综合承载力呈相对减弱态势，2014年城市群内84座城市的人均实际GDP水平均已超过了城市群综合承载力的拐点水平，处于倒“U”形曲线的下降阶段，说明该城市群的经济增长方式正日益削弱城市群综合承载力，增长方式亟待转型；另一方面，当城市群综合承载力越过拐点后，经济增长呈相对增长态势，2014 年约有 50 座城市[①]处于“U”形曲线的上升阶段，可见长江经济带城市群的综合承载力发展到一定阶段对经济增长起到了显著的支撑作用。

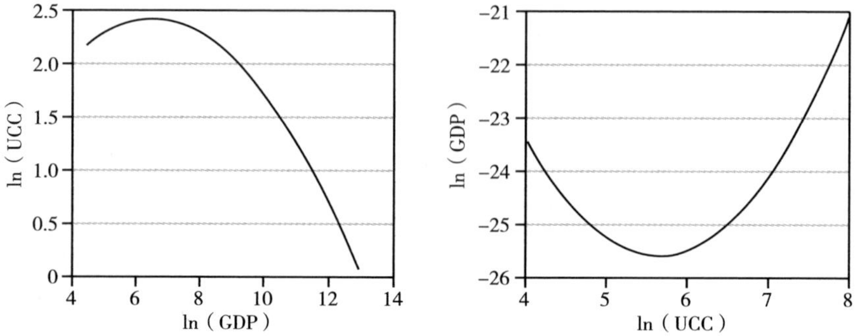

图 6.3　长江经济带城市群经济增长和综合承载力之间的关系

三、稳健性检验

虽然地理上的邻近是定义空间相关性的重要参考，但城市群发展作为一项系统活动，必然受到其他多种非地理邻近因素的综合影响，因此需从不同角度建构其他类型的空间权重矩阵，以进一步检验结果的稳健性。借鉴林光平等（2006）的研究成果，建立了以地区差异为基础的经济距离空间权重矩阵W_{ij}^{E}。两座城市之间的经济发展水平差距越小，则赋予较大权重。定义如下：

$$W_{ij}^{E} = \frac{1}{|\bar{Y}_i - \bar{Y}_j|},\ (i \neq j) \tag{6.8}$$

$$W_{ij}^{E} = 0,\ (i = j) \tag{6.9}$$

$$\bar{Y}_i = \sum_{t=T_0}^{T} \frac{Y_{it}}{T - T_0} \tag{6.10}$$

其中，$\bar{Y}_i$为第 i 个城市在 2006～2014 年地区 GDP 的平均值，Y_{it}表示第 i

① 50 座城市为上海、南京、苏州、杭州、合肥、南昌、武汉、长沙、重庆、成都、贵阳、昆明等。

个城市第 t 年份的地区 GDP，同样，我们对W_{ij}^{E}做标准化处理。

表 6.8、6.9 为社会经济特征下的估计结果，其中（1）、（2）、（3）、（4）分别表示混合模型、地区固定效应模型、时间固定效应模型和双向固定效应模型的估计结果。同样地，按照 Anselin et al.（2004）的判断规则，对于社会经济特征下经济增长对城市群综合承载力的影响分析我们选用 SEM 模型，而对于社会经济特征下城市群综合承载力对经济增长的影响分析我们选用 SLM 模型。

（一）社会经济特征下经济增长对城市群综合承载力的影响分析

第一，从调整后的 R^2、$Sigma^2$、LogL 来看，模型 1 到模型 4 均具有较好的拟合度（见表 5.8）。

第二，从空间相关系数来看，城市群综合承载力存在显著的正的空间相关效应，也就是说，一个地区的城市群综合承载力在一定程度上依赖于其他与之具有相似空间特征的地区的城市群综合承载力，特别是混合效应模型的空间相关系数为 0.572，显著地高于其他模型的空间相关系数（0.234、0.116、0.152）。

第三，四种效应下的人均实际 GDP 基本通过了显著性检验，但对于混合模型而言，随着经济增长，城市群综合承载力呈先上升后下降的倒“U”形曲线特征，这与在地理权重下所检验的结果相一致。而对于考虑了地区效应或时间效应的模型而言，经济增长对城市群综合承载力的影响却呈现出“U”形曲线特征。事实上，时间固定效应反映出经济周期、突发事件等随着时间变化的影响，地区固定效应反映了随区位变化的经济结构和自然禀赋对稳态的影响，而混合效应模型在分析时是假设地区之间有相同的发展水平。如前文所分析的，长江经济带城市群 84 座城市的经济增长水平存在显著差异，东部地区的经济增长水平普遍高于中西部地区，所以考虑了地区效应和时间效应的检验结果与地理权重下的检验结果会出现一定偏差。

第四，各子系统与人均实际 GDP 的交互项的系数显著为正，说明各子系统与经济增长相匹配，对城市群综合承载力均表现出正向影响，这与在地理特征权重下的分析结果相一致。

表 6.8 社会经济特征下经济增长对城市群综合承载力影响的估计结果

变量	(1)	(2)	(3)	(4)
lnGDP	0.7101*** (44.0350)	-0.6122*** (-8.6870)	-0.5546*** (-12.7777)	-0.5428*** (-6.7056)
[lnGDP]^2	-0.0562*** (-90.2926)	0.0067** (2.1456)	0.0049** (2.3973)	0.0040 (1.1612)
Lntec	-0.0071*** (-2.6890)	0.0049 (1.0285)	-0.0014 (-0.7655)	0.0029 (0.6094)
Lnfr	0.0029 (0.4941)	0.0056 (0.7955)	0.0052 (1.2905)	0.0067 (0.9177)
Lnfe	0.0203*** (3.1911)	0.0030 (0.5153)	0.0016 (0.3375)	0.0046 (0.7860)
Lnurb	0.0107*** (3.5573)	-0.0002 (-0.0665)	0.0029 (1.3889)	-0.0004 (-0.1567)
Lnfid	-0.0052*** (-2.9035)	-0.0030 (-1.1192)	-0.0013 (-1.1061)	-0.0026 (-0.9708)
Lnind	-0.0691*** (-4.8215)	0.0079 (0.4287)	-0.0108 (-1.0673)	-0.0089 (-0.4705)
Lneco × lnGDP	0.0440*** (37.3761)	0.0441*** (50.3615)	0.0437*** (53.2932)	0.0440*** (49.3305)
Lntrans × lnGDP	0.0257*** (20.5652)	0.0246*** (27.9706)	0.0250*** (28.4753)	0.0238*** (25.3504)
Lnfac × lnGDP	0.0261*** (63.6474)	0.0266*** (93.8749)	0.0267*** (98.0877)	0.0268*** (92.1331)
Φ	0.5720*** (13.7180)	0.2340*** (4.1093)	0.1160** (1.9279)	0.1522*** (2.5669)
R^2	0.8775	0.9611	0.9585	0.9632
$Sigma^2$	0.0028	0.0013	0.0013	0.0013
LogL	1117.5953	1472.5183	1444.9235	1490.6229

注：***、** 分别表示在 1%、5% 的显著性水平上显著；括号内为渐进的 t 统计量。

（二）社会经济特征下城市群综合承载力对经济增长的影响分析

首先，从调整后的 R^2、$Sigma^2$、LogL 等统计量来看，四种效应下的模型均具有较好的拟合度（见表 6.9）。

其次，对城市群综合承载力而言，在时间固定效应下，城市群综合承载力对经济增长的影响呈“U”形曲线特征，这与在地理权重下的实证结果相一致。但是，对于地区固定效应而言，城市群综合承载力对经济增长的影响却呈倒“U”形曲线特征。在两种效应下得出相反的结论，可能的解释是如上文所研究的，长江经济带城市群 84 座城市的综合承载力差距较大，空间相关性较弱，也就是说各城市的经济结构和自然禀赋存在较大差距，因此，城市综合承载力对经济增长的影响表现出“先增长后减弱”的特征。而若仅考虑经济周期的影响，忽略地区差异的影响时，城市群综合承载力对经济增长的影响呈“先负向后正向”的特征。

再次，两种效应下的空间相关系数均显著为正，说明各城市之间的经济增长存在正向空间相关效应，表明社会经济特征相似的城市之间经济发展表现出互相促进的正向影响。

最后，生态环境子系统与要素市场子系统和城市综合承载力的交互项系数显著为负，说明生态环境子系统承载力和要素市场子系统承载力与城市群综合承载力相匹配，但对经济增长表现出负向影响。

表 6.9　社会经济特征下城市群综合承载力对经济增长影响的估计结果

变量	(1)	(2)	(3)	(4)
lnUCC	-0.3312**	4.0283**	-9.2611**	2.0711
	(-2.0793)	(1.7830)	(-2.4136)	(0.9304)
$[\ln UCC]^2$	0.1811***	-0.3339**	0.9266***	-0.1555
	(3.4927)	(-1.8151)	(3.0767)	(-0.8619)
Lntec	0.0570***	-0.0015	0.0335**	0.0077
	(3.8939)	(-0.1018)	(2.2268)	(0.5450)
Lnfr	0.3032***	0.2806***	0.2431***	0.2392***
	(9.9168)	(14.1449)	(7.8208)	(12.4776)

续表

变量	(1)	(2)	(3)	(4)
Lnfe	0.0211 (0.6504)	0.1100*** (6.0629)	0.1522*** (4.0375)	0.0802*** (4.6450)
Lnurb	0.0055 (0.3254)	0.0098 (1.2049)	-0.0052 (-0.3178)	0.0095 (1.2537)
Lnfid	0.0931*** (9.4256)	0.0295*** (3.7044)	0.0957*** (9.9105)	0.0233*** (3.1116)
Lnind	0.5612*** (7.8415)	-0.0825 (-1.5801)	0.6187*** (8.7864)	-0.0117 (-0.2344)
Lneco × lnUCC	-0.0685*** (-2.7855)	-0.0037 (-0.2251)	-0.0854*** (-2.7032)	-0.0102 (-0.6073)
Lntrans × lnUCC	0.0216 (1.3363)	-0.0068 (-0.5370)	0.0490*** (2.6961)	-0.0171 (-1.2823)
Lnfac × lnUCC	-0.0560*** (-3.9867)	-0.0069 (-0.8439)	-0.0652*** (-4.2024)	-0.0051 (-0.6363)
P	0.2600*** (8.3627)	0.1970*** (6.1212)	0.3130*** (10.4620)	-0.4937*** (-9.0522)
R^2	0.8516	0.9802	0.8619	0.9832
$Sigma^2$	0.0835	0.0126	0.0787	0.0108
LogL	-138.7701	621.3601	-117.223	674.4675

注：***、** 分别表示在 1%、5% 的显著性水平上显著；括号内为渐进的 t 统计量。

第四节　本章小结

经济增长为城市群可持续发展的动力系统，城市群综合承载力则为城市群可持续发展的支撑系统，二者的协调发展和动态演替是决定城市群能否实现可持续发展的重要因素。本章以长江经济带城市群 84 座城市为例，运用空间计量法研究了城市群综合承载力支撑系统与经济增长之间的双向影响和动态关系，以深入研究长江经济带城市群综合承载力及城市群的可持续发展。研究表明：

第一，长江经济带城市群经济增长和综合承载力均存在显著的正的空间自相关性，经济增长是长江经济带城市群综合承载力时空差异的关键影响因素；

第二，经济增长对城市群综合承载力的影响呈倒“U”形曲线特征。究其原因，在经济增长的初期，城市群综合承载力会随着经济的发展而不断增强，但当城市群的发展进入了与其承载能力相关的中心区人口过密、环境恶化、基础设施滞后等典型的城市群发展瓶颈阶段时，即进入倒“U”形拐点前期，经济的不断高速增长会使城市群综合承载力呈相对减弱态势。

第三，城市群综合承载力对经济增长的影响表现出“U”形曲线特征。究其原因，我们认为在城市群发展的初期，支撑经济增长的各项要素较为充裕，即城市群综合承载力相对较强。而随着社会经济的发展，理论上城市群综合承载力的绝对值不断增大，但是，如果相对增长的城市群综合承载力不能支撑长时期的高速经济增长，即二者之间处于一种相对不协调的发展水平，经济增长呈放缓趋势，处于“U”形曲线拐点前期，这与目前中国经济进入新常态时期的阶段特征相符。而当城市群综合承载力与经济增长转为协调发展时，即城市群综合承载力对经济增长的支撑能力相对为正时，经济增长会随着城市群综合承载力的增强而不断增长，进而实现城市群的可持续发展。

第四，一方面，经济增长对城市群综合承载力的影响呈倒“U”形特征，2014 年 84 座城市均处于倒“U”形曲线的下降阶段，说明该城市群的经济增长方式正日益削弱城市群综合承载力，增长方式亟待转型；另一方面，城市群综合承载力对经济增长的影响则呈“U”形特征，2014 年约有 50 座城市处于“U”形曲线的上升阶段，可见长江经济带城市群的综合承载力发展到一定阶段对经济增长起到了显著的支撑作用。因此，若长江经济带城市群继续维持这种削弱城市群综合承载力的增长方式，势必会反过来制约经济增长，进而不利于城市群的可持续发展。同时，我们研究认为，若城市群综合承载力处于倒“U”形曲线的下降阶段，说明城市群的发展超出了其综合承载力的动态阈值范围，重构旨在增强城市群综合承载力的经济增长模式，是实现城市群可持续发展的重要路径之一。

| 第七章 |

提升长江经济带城市群综合承载力的政策优化研究

长江经济带作为具有全球影响力的内河经济带，是中国新一轮改革开放及经济发展的重要区域，是衔接“一带一路”倡议和双向开放战略的重要纽带。长江经济带发展战略不仅是关系中国经济社会发展全局的重大战略，而且对于世界经济的全球化态势也将产生重大影响。自长江经济带发展战略实施以来，中国政府出台了一系列政策以支持长江经济带的发展，其中最重要的两项政策：一项是2014年9月12日，国务院发布的《关于依托黄金水道推动长江经济带发展的指导意见》（国发〔2014〕39号，以下简称《意见》），明确了长江经济带发展作为中国三大战略之一；另一项是2016年9月《长江经济带发展规划纲要》，确立了长江经济带“一轴、两翼、三极、多点”的发展战略新格局，制定了“生态优先、绿色发展”的基本思路。那么这些“政策”的实施是提升还是阻碍了长江经济带城市群综合承载力？这些政策[①]对于长江经济带城市群的可持续发展起到何种效应？“政策”在实施过程是通过何种机制对城市群综合承载力产生了影响？是否存在区域间异质性？如何更好地优化现有的政策以提升长江经济带城市群综合承载力、实现城市群的可持续发展？

---

① 本章将2014年以后（包括2014年）中国政府出台的一系列支持长江经济带的发展的政策统一简称为“政策”，作为本章长江经济带城市群可持续发展政策效应评价的对象。

为分析以上问题，本章从可持续发展的视角出发，基于2006～2016年中国240个城市的面板数据，利用双重差分倾向得分匹配法（PSM－DID），对“政策”影响城市群综合承载力的净效应进行实证研究，且进行一系列稳健性检验及机制甄别，并对其时间动态效应以及区域异质性进行分析，为进一步制定及优化提升城市群综合承载力、实现城市群可持续发展的公共政策提供依据。客观地评价长江经济带发展政策的实施效果，不仅对于长江经济带发展政策本身的实施和完善具有重要意义，而且能够对评价世界上其他区域的发展政策提供借鉴作用。

与已有的研究相比，本章可能的边际贡献主要体现在：本章首次对中国政府出台的一系列支持影响长江经济带城市群综合承载力及可持续发展的政策展开公共政策实施效应评价，把长江经济带城市群内城市之间以及城市群内城市与城市群之外的城市之间的相互作用，均纳入系统进行综合研究与分析。具体而言有以下几点：第一，本章采用2006～2016年中国240个城市面板数据，包含长江经济带城市群内80座处理组城市以及长江经济带城市群外的160座控制组城市，运用PSM－DID方法，首次对“政策”影响长江经济带城市群综合承载力的结果展开政策效应评价；第二，识别了“政策”影响城市群综合承载力的机制，并在此基础上提出了其后续执行过程中应着力纠正的问题，为“政策”对城市群综合承载力的影响机制提供借鉴和参考；第三，考虑到不同城市群经济发展差异，本章对“政策”影响城市群综合承载力的区域异质性进行了详细分析，增进了对“政策”的认识和理解，从而对政府有关部门制定具有针对性的政策具有重要意义。

本章余下部分的安排如下：第一部分是本章的研究对象、数据来源和研究方法；第二部分是模型设计与变量处理；第三部分是实证检验和结果分析；第四部分是机制构建与路径优化设计；第五部分是本章小结。

第一节 研究对象、数据来源与评价方法

一、研究对象及数据来源

鉴于数据来源的可得性，本节选取了长江经济带城市群的80座城市作为处理组城市，相较于本书第四章所选取的研究对象，本节删除了黄山、巢湖、蚌埠、淮南、楚雄、毕节、凯里、都匀8座城市，添加了盐城、金华2座城市。同时，选取了中国160个城市作为对照组城市，具体见表7.1。所涉及的数据来源见本书第四章第一节。

表7.1 研究对象

组别	省份	城市
处理组城市（80座）	上海市	上海
	江苏省	南京 无锡 常州 苏州 南通 盐城 扬州 镇江 泰州
	浙江省	杭州 宁波 嘉兴 湖州 绍兴 舟山 台州
	安徽省	合肥 芜湖 蚌埠 淮南 马鞍山 铜陵 安庆 黄山 滁州 池州 宣城
	江西省	南昌 景德镇 萍乡 九江 新余 鹰潭 吉安 宜春 抚州 上饶
	湖北省	武汉 黄石 宜昌 襄阳 鄂州 荆门 孝感 荆州 黄冈 咸宁 天门
	湖南省	长沙 株洲 湘潭 衡阳 岳阳 常德 益阳 娄底
	重庆市	重庆
	四川省	成都 自贡 泸州 德阳 绵阳 遂宁 内江 乐山 南充 眉山 宜宾
	贵州省	贵阳 六盘水 遵义 安顺
	云南省	昆明 曲靖 玉溪

续表

组别	省份	城市
控制组城市（160座）	北京市	北京
	天津市	天津
	河北省	石家庄　唐山　秦皇岛　邯郸　邢台　保定　张家口　承德　沧州　廊坊　衡水
	山西省	太原　大同　阳泉　长治　晋城　朔州　晋中　运城　忻州　临汾　吕梁
	内蒙古自治区	呼和浩特　包头　乌海　赤峰　通辽　鄂尔多斯　呼伦贝尔　巴彦淖尔　乌兰察布
	辽宁省	沈阳　大连　鞍山　抚顺　本溪　丹东　锦州　营口　阜新　辽阳　盘锦
	吉林省	长春　吉林　四平　辽源　通化　白山　松原　白城
	黑龙江省	哈尔滨　齐齐哈尔　鸡西　鹤岗　双鸭山　大庆　伊春　佳木斯　七台河　牡丹江　黑河
	福建省	福州　厦门　莆田　三明　泉州　漳州　南平　龙岩　宁德
	山东省	济南　青岛　淄博　枣庄　东营　烟台　潍坊　济宁　泰安　威海　日照
	河南省	郑州　开封　洛阳　平顶山　安阳　鹤壁　新乡　焦作　濮阳　许昌　漯河
	广东省	广州　韶关　深圳　珠海　汕头　佛山　江门　湛江　茂名　肇庆　惠州
	广西壮族自治区	南宁　柳州　桂林　梧州　北海　防城港　钦州　贵港　玉林　百色　贺州
	海南省	海口　三亚
	陕西省	西安　铜川　宝鸡　咸阳　渭南　延安　汉中　榆林　安康　商洛
	甘肃省	兰州
	宁夏回族自治区	西宁
	青海省	银川

二、指标体系构建与评价方法

本节指标体系的构建基于本书所构建的城市群综合承载力评价指标体系（见本书第三章），鉴于指标数据的可得性，我们选取了本书所构建的城市群综合承载力指标体系中的33个基础指标（见表7.2）[①]，作为本节的城市群综合承载力评价指标体系。

本节城市群综合承载力的评价方法见本书第四章，第一节第一小节。

表7.2　　城市群综合承载力评价指标体系

目标层（A）	领域层（B）	准则层（C）	指标层（D）	效应
城市群综合承载力	生态环境	水资源承载力	X1－人均水资源量（万吨）	+
			X2－人均综合用水量（万吨）	−
			X3－污水处理率（%）	+
			X4－人均污水排放量（立方米）	−
		环境承载力	X5－人均工业烟（粉）尘排放量（吨）	−
			X6－人均绿地面积（公顷）	+
			X7－建成区绿化覆盖率（%）	+
			X8－生活垃圾无害处理率（%）	+
	综合交通	陆运承载力	X13－公路货物运量（万吨）	−
			X14－公路旅客运量（万人）	−
			X16－每万人拥有公共汽车（辆）	−
			X17－人均城市道路面积（平方米）	+
			X18－人均公路里程（公里）	+
	要素市场	人口承载力	X19－人口自然增长率（‰）	−
			X20－市辖区年均人口数（万人）	−
			X21－每万人拥有医院床位数目（床）	+
			X22－每千人拥有医生数（人）	+

① 表7.2中指标符号与第三章表3.1中的指标符号相对应。

续表

目标层（A）	领域层（B）	准则层（C）	指标层（D）	效应
城市群综合承载力	要素市场	资本承载力	X23－普通高等学校数目（所）	+
			X24－中小学学校数目（所）	+
			X25－平均高校教师数量（名）	+
			X26－普通高等学校在校学生数（万人）	+
			X28－人均各项存款余额（元/人）	+
			X29－人均各项贷款余额（元/人）	+
		土地承载力	X30－人均行政区域土地面积（平方千米）	+
			X31－人均城市建设用地面积（平方千米）	－
			X32－人均居住地面积（平方千米）	－
	产业经济	经济承载力	X33－人均社会消费品零售总额（元/人）	+
			X34－人均固定资产投资完成额（元/人）	+
			X35－人均规模以上工业利润总额（元/人）	+
			X36－GDP 增长率（%）	+
			X37－人均 GDP（元）	+
		产业承载力	X38－第二产业占 GDP 比重（%）	+
			X39－第三产业占 GDP 比重（%）	+

第二节　模型设计与变量处理

一、模型设计

对于政策效果的评价，通常采用双重差分法（DID，difference in difference method）对其进行模型分析（Ashenfelter et al.，1985；Gruber and Poterba，2001）。本节基于中国 2006～2016 年 240 个城市的面板数据，根据“政策”所包含的 11 个省（直辖市）共计 80 个城市，将实验分组变量分为“处理组”（treat）和“对照组”（control）。将 80 个长江经济带城市设定为“处理组”，赋值为 1，其余 160 个城市设定为“对照组”，赋值为 0。同时，根据"政策"实施的具体时间，将实验分期变量（t）设定为实验前和实验后，即将2014年以前赋值为0，2014年及其以后赋值为1。为了更准确地评价"政策"对城市群综合承载力影响的效果，需进一步设置实验分组和实验分期两个虚拟变量的交互项 t × treat，该项系数真正度量了"政策"所产生的政策净效应。据此，本节可将总样本分为四大组：实施"政策"之前的长江经济带城市组（treat = 1，t = 0）、实施"政策"之前的非长江经济带城市组（treat = 0，t = 0）、实施"政策"之后的长江经济带城市组（treat = 1，t = 1）和实施"政策"之后的非长江经济带城市组（treat = 0，t = 1）。

根据上述界定，本节基于 DID 法将基本回归模型设定如下：

$$UCC = \alpha_0 + \alpha_1 treated_{it} + \alpha_2 t_{it} + \alpha_3 treated_{it} \times t_{it} + \beta X_{it} + c_i + c_t + \varepsilon_{it} \qquad (7.1)$$

其中，UCC 为城市群综合承载力，X 是一组随时间变化的可观测的影响综合承载力的控制变量，c_t是年度固定效应，c_i是非观测效应，控制随时间不变的不可观测因素，ε_{it}是随机误差项，代表非观测地扰动因素。

从式（7.1）不难看出，对于对照组城市（treated = 0），"政策"实施年份前后的城市群综合承载力波动性分别是α_0和$\alpha_0 + \alpha_2$，因此，不受"政策"影响的城市在"政策"实施年份前后的城市群综合承载力波动性差异为 $diff_0 = \alpha_2$，这一差异可视为排除了"政策"影响时城市群综合承载力波动性存在的时间趋势差异。对于处理组城市群（treated = 1），城市群综合承载力前后的波动性分别是$\alpha_0 + \alpha_1$和$\alpha_0 + \alpha_1 + \alpha_2 + \alpha_3$，差异为$diff_1 = \alpha_2 + \alpha_3$，这一差异不仅包含了"政策"的影响$\alpha_3$，还包含了上述时间趋势差异$\alpha_2$。因此，"政策"对城市群综合承载力的净影响效应为：

$$diff = diff_1 - diff_0 = \alpha_3 \qquad (7.2)$$

从（7.1）式看，α_3即 DID 估计量，为"政策"实施的政策净效应，是本章主要关心的系数。

运用 DID 方法需满足处理组和控制组具有共同趋势这一重要前提假设（袁航和朱承亮，2018），即如果没有"政策"，长江经济带中所包含的城市与非长江经济带所涵盖的城市的综合承载力随着时间推移并不存在系统性差异。然而，在现实中，受其他因素的影响，这一假定往往很可能无法满足。因此，本章采用更具优势的倾向得分匹配双重差分法 PSM - DID（Propensity Score Matching - Difference - in - Difference）来检验"战略"的政策净效，该方法由 Hechman et al.（1997，1998）提出，可以控制不可观测但不随时间变化的组间差异。

PSM－DID 法的基本思想源自匹配估计量，在明确区分长江经济带处理组和控制组的前提下，假设属于处理组中的城市 i，于是，在控制组中找到某城市 j，使得城市 i 与城市 j 的可观测变量尽可能地相似（匹配），也即 $x_i \approx x_j$。该方法很好地解决了处理组和控制组在受战略冲击前不具备共同趋势假定所带来的问题。在具体的方法应用过程中，结合核匹配（Kernel）与 logit 回归估计倾向得分，并在基准模型估计的基础上进行了一系列稳健性检验。

二、变量处理

第一，被解释变量（UCC）。为了度量城市群综合承载力（UCC），按照本书第四章的城市群综合承载力评价方法测度得到城市群综合承载力的评价结果。

第二，核心解释变量（t×treat）。该变量是实验分组（treat）和实验分期（t）两个虚拟变量的交互乘积项，表示“政策”实施的政策净效应。

第三，控制变量（X）。本节选取的控制变量包括能效水平（tec）、财政收入水平（fr）、财政支出水平（fe）、对外开放水平（fdi）、产业结构水平（ind）以及固定资产投资水平（inv）。其中，能效水平（tec）选择单位 CDP 电耗来表示，单位 GDP 电耗越大说明技术水平越低；财政收入水平（fr）采用人均财政收入水平测度，财政收入水平越高说明地区经济发展越好，财政资金越有保障；财政支出水平（fe）采用人均财政支出水平测度，在一定程度上反映了政府投资与政府消费，即政府在公共卫生、基础教育、基础设施等领域的投入水平；对外开放水平（fdi），用各城市外商直接投资的实际金额来表征，外商直接投资是区域经济增长差异的主要驱动因素之一；产业结构水平（ind），采用第二产业增加值占 GDP 的比重来表征，反应经济发展的结构特征；固定资产投资水平（inv）采用地区固定资产投资完成额来表示，固定资产投资是经济增长的重要驱动力。同时，为了消除异方差，在回归过程中我们对指标均采取了对数化处理。

表 7.3　　主要变量及具体计算方法

变量类别	变量名称	计算方法
被解释变量	城市群综合承载力（UCC）	改进熵值法测度值
核心解释变量	“政策”（t × treat）	虚拟变量（0，1）
控制变量	能效水平（tec）	单位 GDP 电耗
	财政收入水平（fr）	人均财政收入水平测度
	财政支出水平（fe）	人均财政支出水平测度
	外商直接投资水平（fdi）	各城市外商直接投资的实际金额
	产业结构水平（ind）	第二产业增加值占 GDP 的比重
	固定资产投资水平（inv）	地区固定资产投资完成额

表 7.4　　主要变量描述性统计

变量	观测值	均值	标准差	最小值	最大值
ucc	2640	0.211	0.141	0.054	0.896
tec	2640	0.052	0.048	0.003	0.603
fr	2640	13.314	1.188	10.109	17.816
fe	2640	14.060	0.936	11.277	17.915
fdi	2640	9.861	1.761	3.091	14.564
ind	2640	0.502	9.967	0.152	0.859
inv	2640	9.908	0.860	7.253	12.310

第三节　实证检验与结果分析

一、基准模型检验与分析

本节首先估计“政策”对城市群综合承载力的直接影响，即对式（1）进行 DID 检验（见表 7.5）。表 7.5 中，第（1）列是没有加入控制变量时的估计结果，第（2）列是加入了控制表了的估计结果，可以发现，无论是否加入其他控制变量，在城市群综合承载力为被解释变量时，本节重点关注的回归系数均显著为负，系数分别为 -0.0248、-0.0246。这表明目前而言，中国政府制定的“政策”对长江经济带城市群综合承载力有着负向影响作用。我们分析认为，这是由于自“政策”实施以来，一方面，长江经济带整体在经济快速发展的同时伴随着大量的能源消耗，对资源环境产生了巨大压力，尤其是快速的工业化发展导致了工业废气、废水等大量排放造成长江经济带整体生态环境承载力下降（Xu et al.，2018）。同时，长江经济带五大城市群发育极不平衡，长江上中下游城市群综合承载力差异较大，长江下游城市群作为长江经济带经济龙头区和人口密集区，长期承载着巨大的经济体量和人口压力；另一方面，长江经济带沿江的自然地理条件、经济地理区位、航道开发与运输能力等要素禀赋差异较大，严重影响了长江经济带城市群整体的交通承载力协调发展（Wang，2018）。

表 7.5　　　　政策效应的 DID 回归结果

	(1)	(2)
	UCC	UCC
treat × t	-0.0248*** (-14.4100)	-0.0246*** (-14.4100)
t	0.0400*** (23.2300)	0.0340*** (9.6300)
tec		-0.2760* (-1.7300)
fr		-0.0020 (-0.800)
fe		0.0010 (0.5500)
fdi		0.0003 (0.4800)
ind		-0.0003** (-2.5500)
inv		0.0030** (1.9700)
N	2640	2640
R^2	0.2760	0.2800

注：（1）括号内均为 t 值；（2）*** 表示 ρ<0.01，** 表示 ρ<0.05，* 表示 ρ<0.1。

此外，回归结果中控制变量对城市群综合承载力的影响存在差异性（见表7.5）。其中，能效水平、财政收入水平及产业结构对城市群综合承载力有着负向的影响；财政支出水平、对外开放水平以及固定资产投资对城市群综合承载力的影响为正。

二、稳健性检验与分析

（一）PSM－DID 检验与分析

双重差分法在使用之前需满足处理组与控制组具有共同趋势的假定，即如果不存在“政策”的冲击，位于处理组中的城市和位于对照组中的城市发展趋势是一致的，不会因为时间演变而发生系统性差异（袁航和朱承亮，2018）。在本章所选取的研究样本中，因为存在一些不可知晓的因素干扰，位于处理组中的城市和位于对照组中的城市发展趋势很难达到一致，这就导致共同趋势这一假定很难满足。因此，为了排除系统误差对处理组和控制组的趋势变化造成影响，本节采用 PSM－DID 法对基准模型的估计结果进行稳健性检验。

由 PSM－DID 的稳健性检验结果（见表7.6）可知，“政策”对长江经济带城市群综合承载力的双重差分检验结果显著为负，且估计结果和前面的结果几乎一致，这表明如果不考虑“政策”的影响，处理组城市和对照组城市间的变动趋势并无系统性差异，这证明了上文所检验的 DID 的结果是可信的。即“政策”对长江经济带城市群综合承载力具有负向作用，这意味着“政策”的实施目前暂未实现有效推动长江经济带城市群综合承载力提升的预期。

表7.6　　政策效应的稳健性检验

PSM－DID							
	实施前			实施后			双重差分结果
	控制组	处理组	差分	控制组	处理组	差分	
UCC	0.170	0.334	0.164	0.191	0.330	0.139	－0.025
S. Err			0.006			0.009	0.011
t 值			29.430			15.290	2.350

续表

PSM - DID							
	实施前			实施后			双重差分结果
	控制组	处理组	差分	控制组	处理组	差分	
P > |t|			0.000***			0.000***	0.019**
N	1269	639		477	240		

注：*** 表示 $\rho<0.01$，** 表示 $\rho<0.05$。

（二）反事实检验与分析

为了进一步检验结果的稳健性，我们借鉴 Derek and Liu（2018）的已有研究，即通过改变政策的执行时间来进行反事实检验。也就是说，考察在没有提出“政策”时，核心解释变量（t × treat）对城市群综合承载力的影响。若该变量未对城市群综合承载力产生显著影响，说明在“政策”提出以前，确实不存在“政策”影响城市群综合承载力这一结论，这就意味着控制组和处理组不存在其他系统性误差，基准模型中得出的结论是可信的；反之，若核心解释变量（t × treat）对城市群综合承载力产生了显著的影响，说明该“政策”效果可能得益于其他政策的实施，基准模型得出的结论是不可信的。因此，为了排除掉这类因素的影响，我们假设“政策”提出的年份统一提前1年或2年，如果此时政策变量依然变得显著为负，则说明城市群综合承载力的变化很可能来自其他政策变化或者随机性因素，而不是提出的“政策”所导致的。表7.7中表示假定中国政府提出“政策”的时间提前1年或2年时，“政策”对城市群综合承载力政策效应的反事实检验结果。可以看出，did - advance1、did - advance2 系数均不显著，而 did - current、did - affter1、did - affter2 的系数均负向显著，这说明双重差分模型满足平行趋势假定，即表明城市群综合承载力不是由于其他因素导致的，而是源于中国政府所提出的“政策”。

表 7.7　　“政策”对城市综合承载力政策效应的反事实检验

ucc	
did - advance1	0.0031 (0.8200)
did - advance2	0.0042 (1.1900)
did - current	-0.1159*** (-11.0300)
did - affter1	-0.0308*** (-5.1400)
did - affter2	-0.0446*** (-6.3200)
时间效应	YES
地区效应	YES
N	2640
R^2	0.3285

注：(1) 括号内均为 t 值；(2) *** 表示 $\rho<0.01$。

三、动态效果检验与分析

政策的实施或政策的颁布往往对区域的发展具有引领和指导作用，但是，政策的实施效果时常会因为存在时滞而导致政策效果随着政策的深入推进方能逐步显现。基于上文所得的目前“政策”尚未能够有效促进长江经济带城市群综合承载力提升的结论，为进一步明确该“政策”是如何伴随时间的演变而作用于城市群综合承载力的过程，本节将对此动态效果进行检验，结果见表 7.8。

如表 7.8 所示，第 (1)、(2) 列是没有加入控制变量的回归结果，第 (3)、(4) 列是加入了控制变量的回归结果，其中在第 (1)、(3) 列中没有控制时间和地区效应，(2)、(4) 列控制了时间和地区效应。从对城市群综合承载力的动态影响效果来看，每一期的回归结果均为负，且 2014 ~ 2015 年系数增大，而 2015 ~ 2016 年系数又呈下降态势。这说明在“政策”实施当期，在“政策”的冲击下较短的时间内对城市群综合承载力的提升有所帮助，但是瞬时的政策冲击并没有持续下去。

表 7.8　　　　政策效应的动态效果检验

	(1)	(2)	(3)	(4)
treat × t2014	-0.0298 *** (-11.8400)	-0.0222 *** (-8.6800)	-0.0280 *** (-11.5900)	-0.0281 *** (-11.6100)
treat × t2015	-0.0154 *** (-6.1100)	-0.0098 *** (-3.8200)	-0.0158 *** (-6.5900)	-0.0159 *** (-6.600)
treat × t2016	-0.0292 *** (-11.5900)	-0.0425 *** (-16.6400)	-0.0342 *** (-13.6700)	-0.0338 *** (-13.7600)
t	0.0207 *** (19.9400)	0.0461 *** (25.3300)	0.0083 *** (6.5800)	0.0085 *** (6.8400)
tec			-0.0349 ** (-2.1600)	-0.0362 ** (-2.2400)
fr			0.0002 (0.1000)	-0.0018 (-1.5500)
fe			-0.0022 (-0.9800)	-0.0022 (-0.9800)
fdi			0.0006 (1.0300)	0.0006 (1.0400)
ind			-0.0006 *** (-5.9100)	-0.0006 *** (-5.8300)
investment			0.0151 ** (11.4000)	0.0148 *** (11.4000)
时间效应	NO	YES	NO	YES
地区效应	NO	YES	NO	YES
N	2640	2640	2640	2640
R^2	0.1533	0.3038	0.2465	0.2494

注：(1) 括号内均为 t 值；(2) *** 表示 ρ<0.01，** 表示 p<0.05。

四、政策机制检验与分析

通过上述基准模型检验、PSM - DID 检验、反事实检验以及政策的动态效应检验，研究发现“政策”对长江经济带城市群综合承载力存在负向效应。接下来，本节将对这种负向效应的形成机制展开探讨。在综合考虑所有控制变量的情况下，利用“政策”（t × treat）对所有的控制变量进行回归，以此找出究竟是什么因素导致目前“政策”尚未有效促进城市群综合承载力的提升，检验结果见表 7.9。

根据表 7.9，“政策”仅对政府收入、产业结构有着显著的正向影响，对能效水平、财政支出水平、外商直接投资水平虽有正向的影响作用，但其结果却不够显著，对固定资产投资水平有着负向的挤出效应。分析认为，截至 2016 年底，长江经济带各省市经济实现了快速的发展，整体的经济增长率平均值为 8.5%①，远高于中国经济的平均增长率，可见“政策”确实显著带动了长江经济带城市群这一区域的经济发展。同时，虽然长江经济带各省市产业结构分布存在差异，但是在“政策”的大力推动下，这种差异性却有利于推动长江经济带东中西部间的产业转移升级。总之，通过政策机制检验结果可以看出，虽然对“政策”对大多数的控制变量影响为正，但由于存在产业结构及区位布局不合理、经济联系整体以承接为主、外向的经济辐射效应不显著等问题，从而导致“政策”尚未能够显著推动长江经济带城市群综合承载力的提升，甚至在一定程度上存在抑制效应这一结果。

表 7.9　　　　政策效应的机制验证

	tec	fr	fe	fdi	ind	investment
t	-0.029*** (-9.050)	1.553*** (71.150)	1.569*** (79.850)	1.458*** (17.040)	4.665*** (9.510)	1.476*** (56.510)
t × treat	0.003 (1.530)	0.047** (1.980)	0.017 (0.890)	0.012 (0.190)	1.272*** (2.960)	-0.015 (-0.620)
时间效应	YES	YES	YES	YES	YES	YES
区域效应	YES	YES	YES	YES	YES	YES
N	2640	2640	2640	2640	2640	2640
R^2	0.185	0.855	0.866	0.404	0.192	0.856

注：（1）括号内均为 t 值；（2）*** 表示 ρ<0.01，** 表示 p<0.05。

① 数据来源于中国国家统计局。

五、区域异质性检验与分析

现有研究认为城市群的发展阶段与增强城市群综合承载力的方式有着一定的联系（Wei et al.，2016）。对于横跨中国东中西三大区域的长江经济带五大子城市群而言，城市群之间存在着发展不平衡、发展水平差异较大的现实状况（Tian and Sun，2018）。那么"政策"对于城市群综合承载力的影响是否也因此具有显著的差异呢？本节接下来对"政策"对于长江经济带城市群综合承载力影响的区域异质性展开检验。根据本书第四章对于长江经济带五大子城市群综合承载力的评估结果对长江经济带五大城市群进行划分，引入城市群区位等级分类指标对基准模型（7.1）进行扩展，具体模型设定如下：

$$UCC_{it} = \beta_0 + \beta_1 t \times treat \times urban_i + t + treat + \delta X_{it} + u_i + \theta_t + \varepsilon_{it} \tag{7.3}$$

式（7.3）中，$urban_i$是长江经济带五大城市的区位等级变量，其中，$urban_1$、$urban_2$、$urban_3$、$urban_4$、$urban_5$分别表示长三角城市群、长江中游城市群、成渝城市群、黔中城市群以及滇中城市群。而β_1度量的是"政策"对不同城市群综合承载力的影响。当考察某一城市群的时候，设定这一城市群的虚拟变量为1，其余城市群为0。回归结果见表7.10。

根据表7.10，"政策"对五子大城市群综合承载力的影响依然为负。从系数上来看，只有滇中城市群显著性水平为10%，其余四大城市群显著性水平均为1%。同时，成渝城市群的回归系数显著高于长三角城市群和长江中游城市群，对此的解释为：长三角与长江中游城市群整体的经济发展水平较快于成渝城市群，导致长三角与长江中游城市群的人口与城市规模不断扩张，由此出现的资源短缺、环境污染等问题会给其城市群综合承载力带来负向影响，而对于成渝城市群而言，其水资源充沛，能够降低水资源承载力和人口承载力的压力，因此，"政策"对于成渝城市群所带来的边际效应比长三角和长江中游城市群要大。

表 7.10　　　政策效应的区域异质性检验结果

	ucc				
$urban_1$	-0.0198*** (-7.7300)				
$urban_2$		-0.0203*** (-7.6500)			
$urban_3$			-0.0145*** (-4.3600)		
$urban_4$				-0.0253*** (-3.910)	
$urban_5$					-0.0130* (-1.7600)
t	0.0026** (2.1200)	0.0023* (1.900)	0.0340*** (9.2400)	0.0314*** (8.5400)	0.0330*** (8.9700)
tec	-0.0393** (-2.3300)	-0.0402** (-2.3800)	-0.0333** (-2.0200)	-0.0371** (-2.2400)	-0.0352** (-2.1200)
fr	-0.0026 (-1.0700)	0.00004 (0.0200)	-0.0043* (-1.7900)	-0.0044* (-1.8300)	-0.0049** (-2.0100)
fe	0.0035 (1.5400)	0.0001 (0.0500)	0.0020 (0.8100)	0.0023 (0.9300)	0.0025 (1.0100)
fdi	0.0004 (0.5900)	0.0002 (0.4100)	0.0003 (0.4800)	0.0005 (0.8400)	0.0002 (0.4000)
ind	-0.0008*** (-7.6800)	-0.0007*** (-6.2400)	-0.0003*** (-2.7000)	-0.0004*** (-3.8600)	-0.0004*** (-3.5500)
investment	0.0124*** (9.3600)	0.0133*** (9.9900)	0.0002 (0.1200)	0.0010 (0.5900)	0.0004 (0.2200)
时间效应	YES	YES	YES	YES	YES
地区效应	YES	YES	YES	YES	YES
N	2640	2640	2640	2640	2640
R^2	0.1863	0.1859	0.2238	0.2226	0.2187

注：（1）括号内均为 t 值；（2）*** 表示 $\rho<0.01$，** 表示 $\rho<0.05$，* 表示 $\rho<0.1$。

进一步分析，对长江经济带五大子城市群整体而言，“政策”未能有效促进五大子城市群综合承载力的提升。但是，我们思考，是否城市群内所有城市的综合承载力均未获得提升呢？“政策”对于不同等级的城市的综合承载力的影响是否具有异质性呢？由于行政区划、政治、经济、文化等原因，城市会被设定为不同的行政等级。具有较高行政等级的城市包括省会城市、副省级城市和较大城市[①]，此类城市往往因其完善的公共服务系统、良好的制度体系以及较高的发展起点而具有更为强劲的发展潜力。那么，“政策”的实施是否推动了长江经济带较高行政级别城市的综合承载力的提升？与一般行政级别的城市相比较而言，是否存在政策效果上的异质性，为了回答此类问题，我们进一步将模型设定如下：

$$UCC_{it} = \sigma_0 + \sigma_1(Yangtzecity_{it} \times citylevel) + \sigma_2 time_{it} + \sigma_3(Yangtzecity_{it} \times citylevel) \times time_{it} + \sum X_{it} + \varepsilon_{it} \quad (7.4)$$

其中，citylevel 表示城市行政等级的虚拟变量。为便于比较，本节将所有城市分为较高行政等级城市和一般行政等级城市两大类。较高行政等级城市包括省会城市、副省级城市以及较大城市，其余城市为一般行政等级城市。当某一城市属于其中一种类型时，赋值为 1，否则，赋值 0。设置长江经济带所包含的城市与城市行政等级的虚拟变量的交互项为 $Yangtzecity_{it} \times citylevel$，以表示长江经济带不同行政等级城市的虚拟变量。当城市等级为较高行政等级时，该交互项表示长江经济带较高行政等级城市，当城市等级为一般行政等级时，该交互项表示长江经济带一般行政等级城市。式（7.4）中的其他变量解释同基准模型式（7.1）一致。之后，采用 logit 回归和核匹配计算倾向得分匹配，在满足“数据平衡”假设的前提下，运用 PSM - DID 法对长江经济带高行政等级城市和长江经济带一般行政等级城市在实施长江经济带发展战略之后的综合承载力效果进行评估，结果见表 7.11 和表 7.12。

在表 7.11 中，“政策”对长江经济带一般行政等级城市的综合承载力的双重差分检验结果为 -0.031，在 1% 的显著性水平下显著，这说明“政策”

---

① 省会城市（不含 4 大直辖市）：石家庄市、南京市、哈尔滨市、成都市、广州市、兰州市、南宁市、郑州市、南昌市、西安市、西宁市、贵阳市、昆明市、武汉市、沈阳市、太原市、合肥市、杭州市、呼和浩特市、长沙市、长春市、济南市、海口市、福州市、银川市。副省级城市：哈尔滨市、长春市、沈阳市、大连市、济南市、青岛市、南京市、杭州市、宁波市、厦门市、广州市、深圳市、武汉市、成都市、西安市。较大城市：大连市、齐齐哈尔市、宁波市、青岛市、苏州市、本溪市、包头市、淄博市、大同市、抚顺市、洛阳市、唐山市、无锡市、吉林市、邯郸市、鞍山市、淮南市。

对长江经济带一般行政等级城市的综合承载力的负向影响作用非常明显。而“政策”对较高行政等级城市的综合承载力的双重差分检验结果为0.04（见表7.12），在5%的显著性水平下显著，说明“政策”能够提升长江经济带较高行政等级城市的综合承载力，而且效果非常显著。这与对长江经济带整体而言所分析的结论稍有不同，可能的原因在于长江经济带包含的较高行政等级城市相对较少，且长江经济带横跨中国东中西三大区域，导致“政策”对于较高行政等级城市的综合承载力的促进作用辐射范围不广，带动作用不强。同时，也反映了“政策”的实施需要结合当地经济发展实力，兼顾当地资源禀赋条件才能取得较好的政策效果。

表7.11　长江经济带一般行政等级城市的PSM－DID估计结果

	实施前			实施后			双重差分结果
	控制组	处理组	差分	控制组	处理组	差分	
UCC	0.127	0.302	0.175	0.150	0.294	0.144	－0.031
S. Err			0.003			0.005	0.006
t值			52.260			26.230	4.800
P＞|t|			0.000***			0.000***	0.000***
N	1225	456		519	195		

注：***表示 $\rho<0.01$。

表7.12　长江经济带较高行政等级城市的PSM－DID估计结果

	实施前			实施后			双重差分结果
	控制组	处理组	差分	控制组	处理组	差分	
UCC	0.320	0.472	0.152	0.295	0.486	0.192	0.040
S. Err			0.009			0.016	0.018
t值			16.340			12.280	2.200
P＞|t|			0.000***			0.000***	0.028**
N	1210	435		120	45		

注：***表示 $\rho<0.01$，**表示 $\rho<0.05$。

第四节　机制构建与路径优化

一、机制构建

结合上文的研究与分析，本节所构建的提升长江经济带城市群综合承载力、实现可持续发展的主要的机制包括区域协调机制、市场导向型机制、政府宏观调控机制、目标动力机制、利益补偿机制等。

（一）区域协调机制

协调发展的城市群的主要特征是指以一个或者多个中心城市为核心和基础，在一定的地缘经济范围内，形成不同等级或者不同规模的城市网络群体，其中由中心城市发挥跨行政区域的管理协调作用。城市群协调关系到城市间资源的分配、产业的布局等方面的问题，城市群的协调发展是实现城市群可持续发展的基础。长江经济带是“一带一路”在国内的主要交汇地带，它作为典型的流域型经济，包含了水、港、路、岸、产、城、生物、环境等各个方面，因此，长江经济带城市群若实现可持续发展，必须认识到长江经济带城市群是一个整体，各个子城市群、每个城市在各自发展过程中一定要从整体出发，应以构建区域协调机制为基础，运用系统论的方法，统筹沿海、沿江、沿边和内陆开放，正确把握自身发展和协调发展的关系，实现错位发展、协调发展、有机融合，形成整体合力。

（二）市场导向型机制

新古典理论认为，理性经济人都会追求自身利益最大化，这种行为在自由主义的市场条件下可使每个人都达到满意的均衡状态，因而市场是配置资源的最佳机制。同样，在市场机制下，生产要素可以在区域间自由流动和优化配置，进而可以使区域经济自动趋于均衡和自动消除区域差异，政府的干预可能会破坏市场机制正常作用的发挥，是无效率的和不必要的。因此，城市群的可持续发展必须有强大的市场基础，区域内的经济联系必须运用市场配置资源，合理利用资源，一个城市群内具有高质量的劳动力、各种各样的服务、丰富的资源和信息等，也就意味着具有较高的综合承载力，就会吸引较多的资本。

（三）政府宏观调控机制

缪尔达尔提出了区域发展累积因果机制促使区域差距扩大而不是缩小的观点，很好地说明了市场机制在解决区域差距问题方面的失效。他认为市场力量会扩大地区之间的差距。因为在没有政府干预下的区域间劳动力迁移、资本流动和贸易都具有循环累积效应，其结果是发达地区越来越富裕繁荣，而欠发达地区则越来越贫穷落后。尽管发达地区通过扩展效应可在一定程度上带动欠发达地区的发展，但在纯市场机制下，极化效应是处于支配地位的，扩散效应是从属的，而回流效应会强化极化效应和削弱扩散效应，最后导致发达地区与欠发达地区的发展差距不断扩大乃至两极分化。解决区域差距扩大和分化，政府宏观调控是必不可少的。

因此，对于区域发展空间差异较大的长江经济带城市群的可持续发展而言，从宏观角度来看，一是单纯依靠市场机制不一定能形成合理的区域分工格局，发展较为落后的城市群往往处于弱势的分工下端，改变不利的格局需要利用政府宏观调控机制，以展开对发展较弱城市群区域的保护；二是在市场机制下，城市群之间的要素流动往往有利于发达地区而不利于欠发达地区，并可能引发潜在的区域矛盾，为避免冲突，实现城市群的可持续发展，政府的宏观调控机制必不可少；三是对于发展差距较大的城市群而言，各种区域利益主体都有制造或激化区际利益矛盾的倾向，且无法单纯依靠市场消除。从微观角度来看，一是区域经济活动中，市场机制对区际外部性问题无能为力；二是市场机制对于区域间信息不对称及其所引起的一系列问题难以有效防控和解决，以至于会加剧区域间的利益矛盾。而只有代表全局利益的中央政府通过构建宏观调控机制才能解决或缓和这些矛盾和冲突，进而有助于解决城市群发展不平衡的问题和促进城市群可持续发展。

（四）目标动力机制

在长期以 GDP 及其增速为主要目标的引领下，以及在快速的城市化进程中，长江经济带城市群的生态环境承载力面临着较大的压力。而长江所具有的独特的生态系统，是中国重要的生态宝库。因此，当前和今后相当长一个时期，要坚持把修复长江生态环境摆在推动长江经济带发展工作的重要位置，共抓大保护，不搞大开发。但同时，我们必须认识到，不搞大开发不是不要开发，而是不搞破坏性开发，要以“生态优先、绿色发展”为目标动力机制，涉及长江经济带的一切发展都要以不破坏生态环境为基础，在生态环境可承载的基础上实现科学、绿色、可持续的发展。

（五）利益补偿机制

由于历史、地方政府绩效考核等非经济因素的存在，以及长江经济带“生态优先、绿色发展”的战略目标，会导致不同城市群甚至不同城市之间存在较为严重的经济利益冲突。因此，长江经济带城市群实现跨城市群合作不能仅仅依靠市场的力量，还有必要建立城市群间的利益补偿机制。即对发展相对落后的城市群提供政策支持，鼓励资本向经济发展相对落后的城市群转移，以提高整个长江经济带的资源利用效率和经济发展的可持续性。同时，为了协调城市群间的利益，应由各个城市的政府牵头建立城市群的领导和协商小组、定期召开城市政商界领导和领袖峰会。通过建立横跨城市群的统一协调和管理机构，协调各城市群内的政府、企业的利益，并推动城市间的产业转移，实现各城市群产业结构的优化和城市群内生产率的提升，推动长江经济带城市群经济增长及可持续发展。

二、路径优化

通过上述研究与分析，本节提出了一些提升长江经济带城市群综合承载力、推进实现城市群可持续发展的可参考的优化政策实施路径。

（1）深入研判制约和影响城市群综合承载力系统的各项因素，结合自身特点优化城市群综合承载力的系统结构，通过各子系统的协调发展而提升系统整体的承载能力，制定切实、可行、有针对性的城市群可持续发展政策。

一方面，城市群综合承载力评价指标体系所建立的复合型评估反映的是承载客体对承载主体所作用的综合效应，既包含正面影响，也包含负面影响，因此，当我们评估城市群发展的可持续性时，鉴于城市群综合承载力的基础指标对承载力系统和城市群的可持续发展会产生不同程度的正负效应，应分别考虑每个子系统承载力的状态型或压力型特征，剖析增强城市群综合承载力的各项因素，并充分发挥该要素的优势为城市群综合承载力不断增强做出贡献，特别是对于像长江经济带这样的发展不均衡的城市群。另一方面，城市群综合承载力的提升和优化以各子系统的协调发展为基础，任何一个子系统功能的削弱都会导致城市群状态型综合承载力的下降。由于不同城市在资源禀赋、发展阶段等方面存在较大差别，因此，为了优化城市群综合承载力的系统结构，应充分考虑城市群各子系统承载力的阶段特征，深入研判制约和影响各城市群综合承载力系统的各项因素，结合自身特点优化城市群综合承载力的系统结构，制定切实、可行、有针对性的城市群可持续发展政策。比如，随着中国经济增长速度的放缓，政策制定者应更加重视改进长江经济带城市群生态环境和综合交通子系统承载力中所包含的基础指标，以优化城市群综合承载力的系统结构，同时，发挥长江经济带城市群整体优势，通过生态环境、综合交通、要素市场、产业经济等子系统的协调发展而提高系统整体的承载能力。

（2）充分发挥经济增长和城市群综合承载力的空间外溢效应，建立与经济增长水平相协调的城市群发展模式，实现“生态优先、绿色发展”的可持续发展之路。

一方面，应充分认识以经济增长率为国民经济和社会发展水平的衡量指标的局限性，长时期高速经济增长的发展模式会超出城市群系统的综合承载力，引起城市群系统发展的结构性问题；另一方面，应建立与经济增长水平相协调的城市群发展模式，避免高速经济增长所带来的城市群综合承载力相对不足的城市群发展瓶颈问题，即城市的发展应避免进入倒“U”形拐点，或避免大规模空间扩张的城市化所造成的经济泡沫及资源过度消耗等问题，推动城市发展跨越“U”形拐点，进而实现城市群的可持续发展。

（3）中央政府应全面把握、统筹谋划，以区域协调机制为基础做出顶层设计，并依托长江经济带黄金水道，强化核心城市的可持续发展辐射带动能力，推动中小城市的优势发展，使得长江经济带可以更好地融入“一带一路”的发展。

首先，通过空间差异分析，我们得出了长江经济带城市群86座样本城市的综合承载力的呈集群趋势。因此，中央政府应该设计区域协调机制以增强热点地区的可持续发展辐射能力，并依托长江经济带黄金水道，强化核心城市的辐射带动效应，引导资本、产业向中小城市转移以挖掘中小城市的发展潜力，推动中小城市的优势发展，使得长江经济带可以更好地融入“一带一路”的发展。其次，为了实现长江经济带城市群的可持续发展，政策制定者应该更加关注城市群发展的空间分异状况。根据城市群内各个城市的承载力状况，中央政府应该为城市群的协调发展做出顶层设计。对于城市群综合承载力层级较高的城市，比如长江经济带各省会城市及直辖市，应该充分发挥他们城市群发展增长极的作用，强化核心城市辐射带动效应。同时，城市群状态型综合承载力较低的城市需要大力吸引产业转移和资本投资来提高自身发展潜力。

（4）深化长江经济带城市群区域合作，各地区在发展过程中应从整体出发，把自身发展放到协同发展的大局之中，实现城市群之间的错位发展、协调发展、有机融合，形成整体合力的发展模式。

由于空间发展的不均衡，决策者应深化长江经济带东、中、西部区域的合作，加强城市群内部各个城市间的合作，通过制度设计、市场化机制及利益补偿机制等路径设置消除由于行政区划所导致的地区割据局面，各地区在发展过程中应从整体出发，将各地区的发展融入整个区域的协同发展中，以城市群之间的错位发展、协调发展、有机融合为目标，实现整体合力的发展模式，促进城市群之间联动发展。同时，不同发展水平的城市群的综合承载力的制约因素不同，当其中任何一个因素成为短板时，其整体承载力水平难以有效提高，因此，有针对性地提升城市群综合承载力，促进城市群之间的协调发展，区域协调发展模式有助于实现城市群的可持续发展。一方面，对于发展较为成熟的城市群而言，其重点在于如何降低人类经济社会活动的负面影响，应着重调整产业结构、转变经济增长方式、控制人口增长和加大节能减排力度，在提高城市群综合承载力时，需要考虑利益的整体性和长远性，有效并合理地配置资源，使得该城市群的经济带动力及辐射力得以发挥，以便更好地提升长江经济带城市群整体的综合承载力；另一方面，加大对长江经济带欠发达城市群发展的重视，对于发展较弱的城市群提高自身综合承载力的关键在于如何增强其支持力，应该积极承接产业转移、增强非农产业就业吸纳能力、加大环保和公共服务投入，加快发展其经济和要素市场；同时，东、中、西三大区域应在生态环境可承载的基础上形成合理的产业结构分布格局，对于资源禀赋较差、生态环境脆弱及经济社会发展水平较低的城市群应该立足于自身资源禀赋、生态环境状况，支持特色优势产业发展，积极培育一批龙头企业以形成主导产业和支柱产业。

（5）以长江经济带发展战略为基础，制订并协调各项专项规划，形成政策合力。

在长江经济带发展战略实施后，需考虑这项战略和长江经济带发展的现实情况，加快制定长江经济带城市群整体层面的生态环境保护、岸线资源利用等专项规划。沿江 11 省（直辖市）应制订具体实施规划，对于与战略发展的整体要求不一致的内容应及时进行修改调整，以避免发生政策不一致给政策的执行造成负面影响的困境。除此之外，各省（直辖市）还应认真审视已出台的相关政策，对于不同省份之间政策存在冲突的，可利用现有省（直辖市）际之间的协商合作机制进行协调，并对不适宜的政策予以调整，以形成政策合力。

（6）长江经济带城市群的可持续发展需以软环境构建为突破口，寻求高质量发展模式。

长江经济带城市群发展过程中存在过度重视硬件建设以着力改变地区基础设施条件的现状，忽视了自然生态和社会文明、法制等软环境建设，这最终导致其在产业结构升级、城市化进程推进、外资吸引等方面表现不力，难以有效促进增长。因而长江经济带城市群的可持续发展需要结合自身情况，总结经验教训，着眼于改善地区生态环境，完善社会法律制度建设，提高社会文明程度，多方面优化地区投资环境，提升地区经济发展软实力。

第五节　本章小结

长江经济带作为具有全球影响力的内河经济带，是中国新一轮改革开放及经济发展的重要区域，长江经济带发展战略是关系中国经济发展全局的重大战略。本章基于 2006～2016 年中国 240 座地级市面板数据，首先，采用双重差分法（DID）对“政策”影响城市群综合承载力的净效应进行了实证研究；其次，运用了 PSM－DID 及反事实方法进行了相关稳健性检验及机制甄别；再次，对“政策”的时间动态效应以及区域异质性的展开研究；最后，就提升城市群综合承载力、实现城市群可持续发展的政策目标提出相应的优化政策实施路径。结果表明：①“政策”尚未能够促进长江经济带城市群综合承载力的提升，且存在着较为明显的负向作用。②动态效果检验结果显示，2014～2016 年每一期的回归结果均在 1% 的显著性水平上显著为负，影响系数呈先增大后减少的趋势，这说明在“政策”实施当期，在政策的冲击下短期内提升了城市群综合承载力，但是瞬时的政策冲击并没有持续下去。③机制甄别结果显示，“政策”对政府收入、产业结构有显著的正向影响，对固定资产投资水平有着负向的挤出效应。④区域异质性的检验结果显示，“政策”对五大子城市群综合承载力的整体影响为负。对于不同行政等级的城市而言，“政策”对长江经济带一般行政等级城市的综合承载力的负向影响作用非常明显，而对于较高行政等级城市的综合承载力具有显著的正向影响。本章通过对影响长江经济带城市群综合承载力的政策的实施效果展开政策效应评估与路径优化设计，不仅对长江经济带可持续发展战略本身的实施和完善具有重要意义，而且能够对世界上其他区域评价影响其发展战略的政策效果提供借鉴。

| 第八章 |

研究结论与对策建议

第一节　研究结论

本书在可持续发展视角下，首先，构建了城市群综合承载力评价模型和城市群状态型综合承载力评价模型，并展开了对长江经济带城市群综合承载力的科学评价研究；其次，实证研究了长江经济带城市群综合承载力的时间演变及空间差异特征；再次，基于经济增长与城市群综合承载力之间的机制分析，实证探讨了长江经济带城市群经济增长与综合承载力之间的双向关系，以进一步探究长江经济带城市群综合承载力及城市群可持续发展的实现问题；最后，本书从提升长江经济带城市群综合承载力、实现城市群可持续发展的视角出发，评价影响长江经济带城市群发展的相关政策效应，为进一步制订及优化提升城市群综合承载力、实现城市群可持续发展的公共政策提供依据，并提出相应的提升长江经济带城市群综合承载力、实现可持续发展的优化路径。

本书主要的研究结论如下：

第一，长江经济带城市群综合承载力整体呈波动中下降态势，构成城市群综合承载力系统的四大子系统对于城市群综合承载力的贡献度差异较大，城市群的可持续发展能力相对下降。对长江经济带城市群所包含的五大子城市群而言，城市群综合承载力的空间梯度分异明显，空间聚类模式逐渐转变为离散模式，这一转变意味着城市群内的许多城市形成热点区域即在小范围内优先协调合作，而不是形成整体城市群的协调发展，长江经济带各子城市群发展的不平衡性在城市群整体的可持续发展中是不可忽视的重要因素之一。对长江经济带城市群状态型综合承载力（USCC）而言，其USCC的波动幅度适中且整体呈上升趋势，说明支撑城市群可持续发展的承载能力正在增强，同时，东部地区城市群的USCC值明显高于西部地区城市群，USCC较高的城市对邻近城市的影响较大。

第二，若城市群综合承载力处于倒“U”形曲线的下降阶段，说明城市群的发展超出了其综合承载力的动态阈值范围，重构旨在增强城市群综合承载力的经济增长模式，是实现城市群可持续发展的重要路径之一。一是，长江经济带城市群综合承载力和经济增长均存在显著的正的空间自相关性。二是，经济增长对城市群综合承载力的影响呈倒“U”形曲线特征。究其原因，在经济增长的初期，城市群综合承载力会随着经济的发展而不断增强，但当城市群的发展进入了与其承载能力相关的中心区人口过密、环境恶化、基础设施滞后等典型的城市群发展瓶颈阶段时，即进入倒“U”形拐点前期，经济的不断高速增长会使城市群综合承载力呈相对减弱态势。三是，城市群综合承载力对经济增长的影响表现出“U”形曲线特征。究其原因，我们认为在城市群发展的初期，支撑经济增长的各项要素较为充裕，即城市群综合承载力相对较强。而随着社会经济的发展，理论上城市群综合承载力的绝对值不断增大，但是，如果相对增长的城市群综合承载力不能支撑长时期的高速经济增长，即二者之间处于一种相对不协调的发展水平，经济增长呈放缓趋势，处于“U”形曲线拐点前期，这与目前中国经济进入新常态时期的阶段特征相符。而当经济增长与城市群综合承载力转为协调发展时，即城市群综合承载力对经济增长的支撑能力相对为正时，经济增长会随着城市群综合承载力的增强而不断增长，进而实现城市群的可持续发展。四是，一方面，2014年长江经济带城市群84座城市均处于倒“U”形曲线的下降阶段，说明该城市群的经济增长方式正日益削弱城市综合承载力，增长方式亟待转型；另一方面，2014年约有50座城市处于“U”形曲线的上升阶段，可见长江经济带城市群的综合承载力发展到一定阶段对经济增长起到了显著的支撑作用。因此，若长江经济带城市群继续维持这种削弱城市综合承载力的增长方式，势必会反过来制约经济增长，进而不利于城市群的可持续发展。

第三，长江经济带战略实施当期，在政策的冲击下较短的时间内对城市群综合承载力的提升有促进作用，但瞬时的政策冲击并没有产生可持续性的影响，导致目前长江经济带发展战略尚未能够提升长江经济带城市群综合承载力，甚至存在着非常明显的负向作用。除此之外，机制甄别结果显示，长江经济带发展战略仅对政府收入水平、产业结构有显著的正向影响，对能效水平、政府支出水平、外商直接投资水平虽然有正向的影响作用，但是结果不显著，而对固定资产投资水平有着负向的挤出效应。同时，区域异质性的检验结果显示，长江经济带发展战略对五大子城市群综合承载力的影响依然为负，但是从不同行政等级的城市之间存在异质性的角度出发，长江经济带发展战略对长江经济带城市群一般行政等级城市的综合承载力的负向影响作用非常明显，却能够提升高行政等级城市的综合承载力，而且效果也是非常的显著。

第二节　对策建议

本书旨在可持续发展视角下，构建城市群综合承载力（UCC）评价指标体系，以长江经济带城市群为研究对象，系统分析了长江经济带城市群综合承载力的时间演变和空间差异特征，并进一步构建城市群状态型综合承载力（USCC）评价指标体系，用以在不考虑城市发展负向影响因素的情况下，明晰支撑长江经济带城市群可持续发展的能力。同时，本书通过研究城市群综合承载力与经济增长之间的双向关系和内在关联，以进一步深入研究长江经济带城市群综合承载力和长江经济带城市群目前可持续发展的现实状况。最后，从提升长江经济带城市群综合承载力、实现可持续发展的视角出发，分析评价了长江经济带城市群发展的政策效应，就如何提升长江经济带城市群综合承载力、实现可持续发展展开了机制构建与路径优化设计。

本书提出了一些提升长江经济带城市群综合承载力、促进经济增长，推进实现城市群可持续发展的政策建议。

第一，深入研判制约和影响城市群综合承载力系统的各项因素，结合自身特点优化城市群综合承载力的系统结构，通过各子系统的协调发展而提升系统整体的承载能力，制订切实、可行、有针对性的城市群可持续发展政策。

一方面，城市群综合承载力评价指标体系所建立的复合型评估反映的是承载客体对承载主体所作用的综合效应，既包含正面影响，也包含负面影响，因此，当我们评估城市群发展的可持续性时，鉴于城市群综合承载力的基础指标对承载力系统和城市群的可持续发展会产生不同程度的正负效应，应分别考虑每个子系统承载力的状态型或压力型特征，剖析增强城市群综合承载力的各项因素，并充分发挥该要素的优势为城市群综合承载力不断增强做出贡献，特别是对于像长江经济带这样的发展不均衡的城市群。另一方面，城市群综合承载力的提升和优化以各子系统的协调发展为基础，任何一个子系统功能的削弱都会导致城市群状态型综合承载力的下降。由于不同城市在资源禀赋、发展阶段等方面存在较大差别，因此，为了优化城市群综合承载力的系统结构，应充分考虑城市群各子系统承载力的阶段特征，深入研判制约和影响各城市群综合承载力系统的各项因素，结合自身特点优化城市群综合承载力的系统结构，制订切实、可行、有针对性的城市群可持续发展政策。比如，随着中国经济增长速度的放缓，政策制定者应更加重视改进长江经济带城市群生态环境和综合交通子系统承载力中所包含的基础指标，以优化城市群综合承载力的系统结构，同时，发挥长江经济带城市群整体优势，通过生态环境、综合交通、要素市场、产业经济等子系统的协调发展而提高系统整体的承载能力。

第二，充分发挥经济增长和城市群综合承载力的空间外溢效应，建立与经济增长水平相协调的城市群发展模式，实现“生态优先、绿色发展”的可持续发展之路。

一方面，应充分认识以经济增长率为国民经济和社会发展水平的衡量指标的局限性，长时期高速经济增长的发展模式会超出城市群系统的综合承载力，引起城市群系统发展的结构性问题；另一方面，应建立与经济增长水平相协调的城市群发展模式，避免高速经济增长所带来的城市群综合承载力相对不足的城市群发展瓶颈问题，即城市的发展应避免进入倒“U”形拐点，或避免大规模空间扩张的城市化所造成的经济泡沫及资源过度消耗等问题，推动城市发展跨越“U”形拐点，进而实现城市群的可持续发展。

第三，中央政府应全面把握、统筹谋划，以区域协调机制为基础做出顶层设计，并依托长江经济带黄金水道，强化核心城市的可持续发展辐射带动能力，推动中小城市的优势发展，使长江经济带可以更好地融入“一带一路”的发展。

首先，通过空间差异分析，我们得出了长江经济带城市群86座样本城市的综合承载力的呈集群趋势。因此，中央政府应该设计区域协调机制以增强热点地区的可持续发展辐射能力，并依托长江经济带黄金水道，强化核心城市的辐射带动效应，引导资本、产业向中小城市转移以挖掘中小城市的发展潜力，推动中小城市的优势发展，使长江经济带可以更好地融入“一带一路”的发展。其次，为了实现长江经济带城市群的可持续发展，政策制定者应该更加关注城市群发展的空间分异状况。根据城市群内各个城市的承载力状况，中央政府应该为城市群的协调发展做出顶层设计。对于城市群综合承载力层级较高的城市，比如长江经济带各省会城市及直辖市，应该充分发挥他们城市群发展增长极的作用，强化核心城市辐射带动效应。最后，城市群状态型综合承载力较低的城市需要大力吸引产业转移和资本投资来提高自身发展潜力。

第四，深化长江经济带城市群区域合作，各地区在发展过程中应从整体出发，把自身发展放到协同发展的大局之中，实现城市群之间的错位发展、协调发展、有机融合，形成整体合力的发展模式。

由于空间发展的不均衡，决策者应深化长江经济带东、中、西部区域的合作，加强城市群内部各个城市间的合作，通过制度设计、市场化机制及利益补偿机制等路径设置消除由于行政区划所导致的地区割据局面，各地区在发展过程中应从整体出发，将各地区的发展融入整个区域的协同发展中，以城市群之间的错位发展、协调发展、有机融合为目标，实现整体合力的发展模式，促进城市群之间联动发展。同时，不同发展水平的城市群的综合承载力的制约因素不同，当其中任何一个因素成为短板时，其整体承载力水平难以有效提高，因此，有针对性地提升城市群综合承载力，促进城市群之间的协调发展，区域协调发展模式有助于实现城市群的可持续发展。一方面，对于发展较为成熟的城市群而言，其重点在于如何降低人类经济社会活动的负面影响，应着重调整产业结构、转变经济增长方式、控制人口增长和加大节能减排力度，在提高城市群综合承载力时，需要考虑利益的整体性和长远性，有效并合理地配置资源，使该城市群的经济带动力及辐射力得以发挥，以便更好地提升长江经济带城市群整体的综合承载力；另一方面，加大对长江经济带欠发达城市群发展的重视，对于发展较弱的城市群提高自身综合承载力的关键在于如何增强其支持力，应该积极承接产业转移、增强非农产业就业吸纳能力、加大环保和公共服务投入，加快发展其经济和要素市场；同时，东、中、西三大区域应在生态环境可承载的基础上形成合理的产业结构分布格局，对于资源禀赋较差、生态环境脆弱及经济社会发展水平较低的城市群应该立足于自身资源禀赋、生态环境状况，支持特色优势产业发展，积极培育一批龙头企业以形成主导产业和支柱产业。

第五，以长江经济带发展战略为基础，制订并协调各项专项规划，形成政策合力。

在长江经济带发展战略实施后，需考虑这项战略和长江经济带发展的现实情况，加快制订长江经济带城市群整体层面的生态环境保护、岸线资源利用等专项规划。沿江 11 省（直辖市）应制订具体实施规划，对于与战略发展的整体要求不一致的内容应及时进行修改调整，以避免发生政策不一致给政策的执行造成负面影响的困境。除此之外，各省（直辖市）还应认真审视已出台的相关政策，对于不同省份（直辖市）之间政策存在冲突的，可利用现有省（直辖市）际之间的协商合作机制进行协调，并对不适宜的政策予以调整，以形成政策合力。

第六，长江经济带城市群的可持续发展需以软环境构建为突破口，寻求高质量发展模式。

长江经济带城市群发展过程中存在过度重视硬件建设以着力改变地区基础设施条件的现状，忽视了自然生态和社会文明、法制等软环境建设，这最终导致其在产业结构升级、城市化进程推进、外资吸引等方面表现不力，难以有效促进增长。因而长江经济带城市群的可持续发展需要结合自身情况，总结经验教训，着眼于改善地区生态环境，完善社会法律制度建设，提高社会文明程度，多方面优化地区投资环境，提升地区经济发展软实力。

参考文献

[1] 曹斌，林剑艺，崔胜辉. 可持续发展评价指标体系研究综述 [J]. 环境科学与技术，2010，33 (3)：99 - 122.

[2] 曾鹏，王云琪，张晓君. 中国十大城市群综合承载力比较研究 [J]. 统计与信息论坛，2010，8 (30)：1299 - 1303.

[3] 陈惠雄，鲍海君. 经济增长，生态足迹与可持续发展能力：基于浙江省的实证研究 [J]. 中国工业经济，2008，8 (8)：5 - 14.

[4] 陈金英，杨青山，马中华. 不同发展阶段的城市群综合承载能力评价研究 [J]. 经济地理，2013 (8)：68 - 72.

[5] 程广斌，申立敬，龙文. 丝绸之路经济带背景下西北城市群综合承载力比较 [J]. 经济地理，2015，35 (8)：98 - 113.

[6] 狄乾斌，韩帅帅. 城市经济承载力的综合评价及其时空差异研究——以我国15个副省级城市为例 [J]. 经济地理，2015，35 (9)：57 - 64.

[7] 方创琳，周成虎，王振波. 长江经济带城市群可持续发展战略问题与分级梯度发展重点 [J]. 地理科学进展，2015，34 (11)：1398 - 1408.

[8] 方大春，孙明月. 长江经济带核心城市影响力研究 [J]. 经济地理，2015，35 (1)：76 - 82.

[9] 付桂军，曹相东，齐义军. 区域城市群水资源承载力研究 [J]. 经济纵横，2015 (2)：54 - 58.

[10] 傅鸿源，胡焱. 城市综合承载力研究综述 [J]. 城市问题，2009 (5)：27 - 31.

[11] 龚胜生，张涛，丁明磊等. 长江中游城市群合作机制研究 [J]. 中国软科学，2014 (1)：96 - 104.

[12] 韩美，路广，史丽华，张翠，余灏哲. 东营市海岸带区域综合承

载力评估［J］. 中国人口·资源与环境，2017，27（2）：93－101.

［13］郝翠，李洪远，孟伟庆．国内外可持续发展评价方法对比分析［J］. 中国人口·资源与环境，2010，20（1）：161－166.

［14］何雄伟．区域环境承载力，发展能力与经济增长——基于鄱阳湖生态经济区生态足迹的分析［J］. 企业经济，2014（10）：22－25.

［15］洪大用．经济增长，环境保护与生态现代化——以环境社会学为视角［J］. 中国社会科学，2012（9）：82－99.

［16］胡锋．珠三角城市综合承载力研究［D］. 广州市：暨南大学，2012.

［17］胡艳，丁玉敏，孟天琦．长江经济带城市群联动发展机制研究［J］. 区域经济评论，2016（03）：91－96.

［18］黄常锋，何伦志，刘凌．基于相对资源承载力模型的研究［J］. 经济地理，2010，30（10）：1612－1618.

［19］黄菁，陈霜华．环境污染治理与经济增长：模型与中国的经验研究［J］. 南开经济研究，2011，1（1）：142－152.

［20］黄菁．环境污染与经济可持续发展的关系及影响机制研究［D］. 长沙市：湖南大学，2010.

［21］黄庆华，周志波，刘晗．长江经济带产业结构演变及政策取向［J］. 经济理论与经济管理，2014（6）：92－101.

［22］黄洵，黄民生．基于能值分析的城市可持续发展水平与经济增长关系研究——以泉州市为例［J］. 地理科学进展，2015（34）：38－47.

［23］金宇超，靳庆鲁，宣扬．"不作为"或"急于表现"：企业投资中的政治动机［J］. 经济研究，2016（10）：126－139.

［24］乐章，李芳，常贤波．长江经济带沿江小城镇建设研究——基于湖北省沿江城镇调查数据的分析［J］. 中国人口科学，2015（1）：106－128.

［25］雷勋平，邱广华．基于熵权 TOPSIS 模型的区域资源环境承载力评价实证研究［J］. 环境科学学报，2016，36（1）：314－323.

［26］李春燕，文传浩．长江经济带合作共赢的理论与实践探索——"长江经济带高峰论坛"学术研讨会观点综述［J］. 中国工业经济，2015（2）：44－49.

[27] 李东序，赵富强．城市综合承载力结构模型与耦合机制研究［J］．城市发展研究，2008，15（6）：37－42.

[28] 李焕，黄贤金，金雨泽，张鑫．长江经济带水资源人口承载力研究［J］．经济地理，2017，37（1）：181－186.

[29] 李佳佳，罗能生．城市规模对生态效率的影响及区域差异分析［J］．中国人口·资源与环境，2016，26（2）：129－136.

[30] 李敬，陈澍，万广华，付陈梅．中国区域经济增长的空间关联及其解释——基于网络分析方法［J］．经济研究，2014（11）：4－16.

[31] 李静，窦可惠．为何加速经济增长可以弱化环境污染压力［J］．中国人口·资源与环境，2016，26（1）：105－112.

[32] 李天星．国内外可持续发展指标体系研究进展［J］．生态环境学报，2013，22（6）：1085－1092.

[33] 李新刚．城市土地综合承载力研究——以环渤海地区城市群为例［D］．天津市：天津大学，2013.

[34] 林光平，龙志和，吴梅．中国地区经济收敛的空间计量实证分析［J］．数量经济技术经济研究，2006（4）.

[35] 林巍．城镇化对京津冀土地资源承载力的影响研究［D］．北京：中国地质大学，2015.

[36] 刘惠敏．长江三角洲城市群综合承载力的时空分异研究［J］．中国软科学，2011（10）：114－122.

[37] 刘凯，任建兰，程钰，王泽楠．中国城镇化的资源环境承载力响应演变与驱动因素［J］．城市发展研究，2016，23（1）：27－33.

[38] 刘晓丽，方创琳．城市群资源环境承载力研究进展及展望［J］．地理科学进展，2008，27（5）：35－42.

[39] 刘玥，聂锐．基于网络的跨区域产业联动动力机制分析［J］．能源技术与管理，2007（5）：40－43.

[40] 刘兆德，虞孝感．长江流域相对资源承载力与可持续发展研究［J］．长江流域资源与环境，2002，11（1）：10－15.

[41] 陆大道．建设经济带是经济发展布局的最佳选择——长江经济带经济发展的巨大潜力［J］．地理科学，2014，34（7）：769－772.

［42］陆大道．中速增长：中国经济的可持续发展［J］．地理科学，2015（10）：1207－1219.

［43］吕斌，孙莉，谭文垦．中原城市群城市承载力评价研究［J］．中国人口资源与环境，2008，5（18）：53－58.

［44］吕光明，何强．可持续发展观下的城市综合承载能力研究［J］．城市发展研究，2009，16（4）：1－4.

［45］毛汉英，余丹林．区域承载力定量研究方法探讨［J］．地球科学进展，2001，16（4）：549－555.

［46］潘文卿．中国的区域关联与经济增长的空间溢出效应［J］．经济研究，2012（1）：54－65.

［47］彭程，陈志芬，吴华瑞，孙想，姚娜．基于ESDA的城市可持续发展能力时空分异格局研究［J］，中国人口·资源与环境，2016（2）：144－151.

［48］彭璇，祝辉，祝尔娟．京津冀能源承载力评价与分析——基于2007－2011年数据［J］．首都经济贸易大学学报（双月刊），2015，17（4）：15－22.

［49］齐建国，王红，彭绪庶，刘生龙．中国经济新常态的内涵和形成机制［J］．经济纵横，2015（3）：7－17.

［50］齐喆．资源环境约束下的城市经济可持续发展研究——以北京市为例［D］．北京市：首都经济贸易大学，2016.

［51］任乐．人力资本承载力与区域经济增长动态关系研究［J］．经济问题探索，2015（9）：72－79

［52］任媛，蔡翼飞．经济社会综合发展水平的时空差异及其相互作用［J］．城市发展研究，2016，23（3）：5－8.

［53］石忆邵，尹昌应，王贺封，谭文垦．城市综合承载力的研究进展及展望［J］．地理研究，2013，1：133－145.

［54］宋建波，武春友．城市化与生态环境协调发展评价研究——以长江三角洲城市群为例［J］．中国软科学，2010，2：78－87.

［55］宋马林，王舒鸿．环境规制，技术进步与经济增长［J］．经济研究，2013（3）：122－134.

［56］孙慧，刘媛媛．相对资源承载力模型的扩展与实证［J］．中国人

口·资源与环境，2014，24（11）：126－135.

［57］孙莉，吕斌，周兰兰．中国城市承载力区域差异研究［J］．城市发展研究，2009，16（3）：7－11.

［58］孙亚南．长江经济带核心城市可持续发展能力评价［J］．南京社会科学，2016（8）：151－156.

［59］孙莹，鲍新中．一种基于方差最大化的组合赋权评价方法及其应用［J］．中国管理科学，2011，19（6）：141－148.

［60］孙钰，李新刚．山东省土地综合承载力协调发展度分析［J］．中国人口·资源与环境，2013，23（11）：123－129.

［61］谭文垦，石忆邵，孙莉．关于城市综合承载能力若干理论问题的认识［J］．中国人口·资源与环境，2008，18（1）：40－44.

［62］田东芳．生态资本与经济增长模型研究［J］．环境科学与管理，2009（6）.

［63］王丹，陈爽．城市承载力分区方法研究［J］．地理科学进展，2011，30（5）：577－584.

［64］王敏，黄滢．中国的环境污染与经济增长［J］．经济学（季刊），2015（2）：557－578.

［65］王瑶．基于可持续发展的上海城市综合承载力评价研究［D］．上海市：华东师范大学，2016.

［66］王勇，俞海，张永亮，杨超，张燕．中国环境质量拐点：基于EKC的实证判断［J］．中国人口·资源与环境，2016，26（10）：1－7.

［67］魏凤娟．湖北省土地综合承载力空间分异及土地开发空间优化研究［D］．北京市：中国地质大学，2015.

［68］吴继贵，叶阿忠．环境，能源，R&D与经济增长互动关系的研究［J］．地科研管理，2016，37（1）：58－67.

［69］夏勇，钟茂初．经济发展与环境污染脱钩理论及EKC假说的关系——兼论中国地级城市的脱钩划分［J］．中国人口·资源与环境，2016，26（10）：8－16.

［70］肖德，张媛．经济增长，能源消费与二氧化碳排放的互动关系——基于动态面板联立方程的估计［J］．经济问题探索，2016（9）：29－39.

[71] 熊建新，陈端吕，彭保发，董明辉，王亚力.2001－2010年洞庭湖区经济，社会和环境变化及其生态承载力响应［J］. 地理科学进展，2014，3（3）：356－363.

[72] 熊建新，陈端吕，谢雪梅. 基于状态空间法的洞庭湖区生态承载力综合评价研究［J］. 经济地理，2012，32（11）：138－142.

[73] 徐晓新，张利华. 论可持续发展区域管理研究的基本框架［J］. 中国软科学，2015（5）：77－82.

[74] 徐盈之，孙剑. 环境承载力的区域比较与影响因素研究：来自我国省域面板数据的经验分析［J］. 经济问题探索，2009（5）：1－6.

[75] 严善平. 城市劳动力市场中的人员流动及其决定机制——兼析大城市的新二元结构［J］. 管理世界，2006（8）：8－17.

[76] 阎东彬. 京津冀一体化进程中重点城市综合承载力研究［J］. 国家行政学院学报，2015（2）：68－72.

[77] 杨桂山，徐昔保，李平星. 长江经济带绿色生态廊道建设研究［J］. 地理科学进展，2015（11）：1356－1367.

[78] 杨继生，徐娟，吴相俊. 经济增长与环境和社会健康成本［J］. 经济研究，2013（12）：17－29.

[79] 叶森，曾刚. 区域产业联动的理论与实践［M］. 北京：经济科学出版社，2012.

[80] 余尊宝. 可持续经济福利视角下的真实经济增长评价与实证［D］. 重庆市：重庆大学，2015.

[81] 袁航，朱承亮. 西部大开发推动产业结构转型升级了吗？——基于PSM－DID方法的检验［J］. 中国软科学，2018（6）：67－81.

[82] 臧锐，杨青山，杨晓楠，张鹏. 增强城市群综合承载能力的政府合作机制研究［J］. 经济地理，2010，8（30）：1299－1303.

[83] 张红，张毅，张洋，周鹏. 基于修正层次分析法模型的海岛城市土地综合承载力水平评价：以舟山市为例［J］. 中国软科学，2017（1）：150－160.

[84] 张然. 中国县域海岛综合承载力与经济发展研究［D］. 青岛市：青岛大学，2016.

[85] 张自然，张平，刘霞辉. 中国城市化模式，演进机制和可持续发

展研究 [J]. 经济学动态, 2014, 2: 58 - 73.

[86] 章恒全, 张陈俊, 张万力. 水资源约束与中国经济增长——基于水资源"阻力"的计量检验 [J]. 产业经济研究, 2016, 4: 87 - 99.

[87] 邹辉, 段学军. 长江经济带研究文献分析 [J]. 长江流域资源与环境, 2015, 24 (10): 1672 - 1682.

[88] 邹琳, 曾刚, 曹贤忠等. 长江经济带的经济联系网络空间特征分析 [J]. 经济地理, 2015, 30 (1): 76 - 82.

[89] Abernethy, V. D. Carrying capacity: the tradition and policy implications of limits. Ethics in Science and Environmental Politics, 2001 (23): 9 - 18.

[90] Aguaron, J., Escobar, M. T., Jimenez, J. M. M. Consistency stability intervals for a judgment in AHP decision support systems. Eur. J. Oper. Res, 2003, 145 (2).

[91] Anderson, T. K. Kernel density estimation and K - means clustering to profile road accident hotspots. Accident Analysis & Prevention, 2009, 41 (3): 359 - 364.

[92] Anselin, L., Raymond, J., G. M. Florax, Sergio, J. Rey. 2004. Advances in Spatial Economics: Methodology, Tools and Applications. Springer Verlag, Berlin.

[93] Anselin, L., Syabri, I., & Kho, Y. GeoDa: An introduction to spatial data analysis. Geographical Analysis, 2006, 38 (1): 5 - 22.

[94] Anselin, L. Space and applied econometrics: Introduction. Regional Science and Urban Economics, 1992, 22 (3): 307 - 316.

[95] Anselin, L. Spatial Econometrics: Methods and Models. Kluwer Academic Publishers, Dordrecht, 1988.

[96] Anselin, Luc. Local Indicators of Spatial Association—LISA. Geographical Analysis, 1995, 27 (2): 93 - 115.

[97] Arrow, K., Bolin, B., Costanza, R., et al. Economics growth, carrying capacity, and the environment. Science, 1995 (268): 520 - 521.

[98] Asheim, Lars Coenen. Knowledge bases and Regional Innovation Systems: Comparing Nordic Clusters. Research Policy, 2005.

[99] Ashenfelter, Orley, Card, David E. Using the Longitudinal Structure of Earnings to Estimate the Effect of Training Programs. The Review of Economics and Statistics. 1985, 67 (4): 648 -660.

[100] Aspeslaugh. W. Carrying capacity and its application to the Portland metropolitan area, Metro Future Vision Commission. Portland, 1994.

[101] Ayana E K, Ceccato P, Fisher J R B, et al. Examining the relationship between environmental factors and conflict in pastoralist areas of East Africa. Science of The Total Environment, 2016 (557): 601 -611.

[102] Benjamini Y, Hochberg Y. Controlling the false discovery rate: A practical and powerful approach to multiple testing. Journal of the Royal Statistical Society, 1995 (57): 289 -300.

[103] Bowen, R. E., Riley, C. Socio - economic indicators and integrated coastal management. Ocean & Coastal Management, 2003, 46 (3): 299 -312.

[104] Brock, W., Taylor M. Economic Growth and the Environment: A Review of Theory and Empirics, Handbook of Economic Growth, 2005 (1): 1749 -1821.

[105] Brock, W., Taylor M. The Green Solow Model, J. Econ. Growth. 2010, 15 (2): 127 -153.

[106] Buendía A. J. D., & Sánchez de la Vega. M. d. M. Output growth thresholds for the creation of employment and the reduction of unemployment: A spatial analysis with panel data from the Spanish provinces, 2000 ~2011. Regional Science and Urban Economics, 2017 (67): 42 -49.

[107] Button, K. City management and urban environmental indicators. Ecological Economical, 2002, 40 (2): 217 -233.

[108] Campbell, D. E. Emergy analysis of human carrying capacity and regional sustainability - an example using the state of Maine. Environment Monitoring and Assessment, 1998 (51): 531 -569.

[109] Carey, D. I. Development Based on Carrying Capacity: A strategy for environmental protection. Global Environmental Change, 1993, 3 (2): 140 -148.

[110] Chen J., Zhang Y. L., Chen Z. Y., Nie Z. L. Improving assessment

of groundwater sustainability with analytic hierarchy process and information entropy method: a case study of the Hohhot Plain, China. Environmental Earth Sciences, 2015, 73 (5): 2352 - 2363.

[111] Chen S. Environmental pollution emissions, regional productivity growth and ecological economic development in China. China Econ. Rev, 2015 (35): 171 - 182.

[112] Chen, Y. S., et al. The development of China's Yangtze River Economic Belt: how to make it in a green way? Science Bulletin, 2017 (62): 648 - 651.

[113] Chi M B, Zhang D S, Fan G G, et al. Prediction of water resource carrying capacity by the analytic hierarchy process - fuzzy discrimination method in a mining area. Ecological Indicators, 2019 (96): 647 - 655.

[114] Ciccarelli, C., & Elhorst J. P. A dynamic spatial econometric diffusion model with common factors: The rise and spread of cigarette consumption in Italy. Regional Science and Urban Economics. Article in press, 2017.

[115] Cohen, J. E. Population, Economics, Environmental and Culture: An Introduction to Human Carrying Capacity, J. Appl. Ecol, 1997 (34): 1325 - 1333.

[116] Commission on Sustainable Development. Indicators of Sustainable Development: Guidelines and Methodologies. New York, 2001.

[117] Commoner B. Making Peace with the Planet. New York: New Press, 1992.

[118] Copeland B R, Taylor M S. Trade, growth and the environment. Journal of Economic Literature, 2004, 42 (1): 7 - 71.

[119] Cuadra M, Björklund J. Assessment of economic and ecological carrying capacity of agricultural crops in Nicaragua. Ecological Indicators, 2007, 7 (1): 0 - 149.

[120] Daily G C, Ehrlich P R. Population, sustainability, and earth's carrying capacity: a framework for estimating population sizes and lifestyles that could be sustained without undermining future generations. Bio Science, 1992 (42):

761 –771.

[121] Daily, G. C., & Ehrlich, P. R. Socio – economic equity, sustainability, and earth's carrying capacity. Ecological Applications, 1996, 6 (4): 991 –1001.

[122] Dasgupta S, Laplante B, Wang H, et al. Confronting the environmental Kuznets curve. Journal of Economic Perspectives, 2002, 16 (1): 147 –168.

[123] David, I., Stern, Michael, S., Commom, Edward, B. Baraier. Economic Growth and Environmental Degradation: The Environmental Kuznets Curve and Sustainable Development, World. Dev, 1996, 24 (7): 1151 –1160.

[124] Derek, T W Liu. The effects of institutionalization in China: A difference – in – differences analysis of the mandatory retirement age. China Economic Review; 2018, 52: 193 –203.

[125] Dietz T, Rosa E A. Effects of Population and Affluence on CO_2 Emissions. Proceedings of the National Academy of Sciences, 1997, 94 (1): 175 –179.

[126] Dong – Wook Song. Regional Container Port Competition and Co – Operation: The Case of Hong Kong and South China. Journal of Transport Geography, 2002 (3).

[127] Downs, J. A., Gates, R. J., & Murray, A. T. Estimating carrying capacity for sandhill cranes using habitat suitability and spatial optimization models. Ecological Modelling, 2008, 214 (2 –4): 284 –292.

[128] Egger, S. Determining a sustainable city model. Environmental Modeling & Software, 2006, 21 (9): 1235 –1246.

[129] Elhorst, J. P. Dynamic Spatial Panels: Models, Methods, and Inferences, J. Geogr. Syst, 2012, 14 (1): 5 –28.

[130] Fang C, Yu D. Urban agglomeration: An evolving concept of an emerging phenomenon. Landscape & Urban Planning, 2017 (162): 126 –136.

[131] Feng, L. H., Zhang, X. C., & Luo, G. Y. Application of system dynamics in analyzing the carrying capacity of water resources in Yiwu City, China. Mathematics and Computers in Simulation, 2007, 79 (3): 269 –278.

[132] Feng, L. H., Zhang, X. C., Luo, G. Y. Resources on the risk of water shortages and the carrying capacity of water resources in Yiwu,

China. Hum. Ecol. Risk Assess, 2009, 15 (4): 714 -726.

[133] Fiala, N. Measuring sustainability: why the ecological footprint is bad economics and bad environmental science. Ecological Economics, 2008 (67): 519 -525.

[134] Fiaschi, D., Gianmoena, L., & Parenti. Spatial club dynamics in European regions. Regional Science and Urban Economics. Article in press, 2017.

[135] Francky F. A hierarchical clustering method for multivariate geostatistical data. Spatial Statistics, 2016 (18): 333 -351.

[136] Getis, A., & Ord J. K. The analysis of spatial association by use of distance statistics. Geographical Analysis, 1992, 24 (3): 189 -206.

[137] Giannetti M., Guiso L., Iappelli T. And M. Pagano. Financial market integration, corporate financing and economic growth. European Economy, 2002.

[138] GlobalReportinh Intiative (GRI). The Global Reporting Initiative - Sustainability Reporting Guidelines. Boston, 2006.

[139] Godschalk, D. R., Axler, N. Carrying capacity applications in growth management: A reconnaissance. Washington DC: Department of Housing and Urban Development, 1977.

[140] Goe W R. Factors Associated with the Development of Nonmetropolitan Growth Nodes in Producer Services Industries, 1980 ~ 1990. Rural Sociology, 2010, 67 (3): 416 -441.

[141] Gong, L., Jin, C. L. Fuzzy comprehensive evaluation for carrying capacity of regional water resource. Water Resources Management, 2009, 23 (12): 2505 -2513.

[142] Goyal, S. K., Chalapati Rao, C. V. Air assimilative capacity - based environment friendly siting of new industries - - a case study of Kochi region, India. Journal of Environmental Management, 2007, 84 (4): 473.

[143] Graymore, M. L. M., Sipe, N. G., & Rickson, R. E. Regional sustainability: how useful are current tools of sustainability assessment at the regional scale? Ecological Economics, 2008, 67 (3): 362 -372.

[144] Graymore, M. L. M., Sipe, N. G., Rickson, R. E. Sustaining human carrying capacity: a tool for regional sustainability assessment. Ecological Economics, 2010, 69 (3): 459 -462.

[145] Grossman, G., and A. Krueger. "Environmental Impacts of a North American Free Trade Agreement", in Garber, P. M. (Ed.), The Mexico - U. S. Free Trade Agreement. MIT Press, Cambridge, MA, 1994: 13 -56.

[146] Grossman, G. and A. Krueger. Economic Growth and the Environment, Q. J. Econ, 1995, 110 (2): 353 -377.

[147] Gruber J, Poterba J. Tax Incentives and the Decision to Purchase Health Insurance: Evidence from the Self - Employed. Quarterly Journal of Economics, 2001, 109 (3): 701 -33.

[148] Guo Q, Wang J Y, Yin H L, et al. A comprehensive evaluation model of regional atmospheric environment carrying capacity: Model development and a case study in China. Ecological Indicators, 2018 (91): 259 -267.

[149] Hardin, G. Cultural carrying capacity: a biological approach to human programs. BioScience, 1992, 36 (9): 599 -604.

[150] Heaver, T., Meersman, H. Voordeev, E. Coperation and competition in international container transport: strategies for ports. Maritime Policy and Management, 2001, 28 (3): 293 -305.

[151] Heckman J J, Ichimura H, and Todd P E. Matching as an econometric evaluation estimator: Evidence from evaluating a job training programme. Review of Economic Studies, 1997, 64 (4): 605 -654.

[152] Heckman J J, Ichimura H, and Todd P E. Matching as an econometric estimator evaluation. Review of Economic Studies, 1998, 65 (2): 261 -294.

[153] Heikkila, E., & Xu, Y. Seven prototypical Chinese cities. Urban Studies, 2014, 51 (4): 827 -847.

[154] Holdren J P, Ehrlich P R. Human Population and the Global Environment. American Scientist, 1974, 62 (3): 282 -292.

[155] Hosseini, H. M., Kaneko, S. Dynamic sustainability assessment of

countries at the macro level: a principal component analysis. Ecological Indicator, 2011 (11): 811 -823.

[156] Hou C H, Hou Y L, Xue Y J. Water resources carrying capacity of wetlands in Beijing: Analysis of policy optimization for urban wetland water resources management. Journal of Cleaner Production, 2017 (161): 1180 - 1191.

[157] Huang Y. Understanding China's Belt & Road Initiative: Motivation, framework and assessment. China Econ. Rev, 2016 (40): 314 -321.

[158] Hui, C. Carrying Capacity of the Environment. International Encyclopedia of the Social & Behavioral Sciences (Second Edition), 2015: 155 - 160.

[159] INUC., UNEP., WWP. Caring for the Earth: A Strategy for Sustainable Development of Xinjiang Uyghur Autonomous Region: with a Case of Urumq. Agricultural science & Technology, 1991, 14 (11): 1647 - 1678.

[160] Jiang Y L, Lu J, Cai Y T, et al. Analysis of the impacts of different modes of governance on inland waterway transport development on the Pearl River: The Yangtze River Mode vs. the Pearl River Mode. Journal of Transport Geography, 2018 (71): 235 -252.

[161] Jiang, Y. P., Mohabir, N., Ma, R. F., Zhu, P. Y. Sorting through Neoliberal Variations of Ghost Cities in China. Land Use Policy, 2017 (69): 445 - 453.

[162] Joardar, S. D. Carrying capacities and standards as bases towards urban infrastructure planning in India: a case of urban water supply and sanitation. Habitat International, 1998, 22 (3): 327 -337.

[163] Kenneth, A., Bert, Bolin, Robert, Costanza, et al. Economic Growth, Carrying Capacity, and the Environment, Ecol. Econ, 1995 (15): 91 -95.

[164] Kessler, J. J. Usefulness of the human carrying capacity concept in assessing ecological sustainability of land - use in semi - arid regions. Agriculture, Ecosystems&Environment, 1994, 48 (3): 273 -284.

[165] Kyushik, Oh, et al. Determining Development Density Using the Urban Carrying Capacity Assessment System, J. Clean Prod, 2005 (73): 1 -15.

[166] Lane M C, Dawes L A, Grace P. The essential parameters of a re-

source - based carrying capacity assessment model: an Australian case study. Ecological Modelling, 2014 (272): 220 - 231.

[167] Lane, M. The carrying capacity imperative: assessing regional carrying capacity methodologies for sustainable land - use planning. Land Use Policy, 2010, 27 (4): 1038 - 1045.

[168] Laura K., et al. The Road to a Market - Oriented Monetary Policy and the "New Normal" Monetary Policy Regime in China. Financial and Economic Review, 2017 (16): 101 - 125.

[169] Lee H., et al. Rethinking Monetary and Financial Policies in China. Rethinking Monetary and Financial Policies in China, 2014: 2 - 22.

[170] Lei K, Zhou S. Per capita resource consumption and resource carrying capacity: A comparison of the sustainability of 17 mainstream countries. Energy Policy, 2012, 42 (none): 603 - 612.

[171] Li F, Pan B, Wu Y, et al. Application of game model for stakeholder management in construction of ecological corridors: A case study on Yangtze River Basin in China. Habitat International, 2017 (63): 113 - 121.

[172] Liu Y L, Zhang X H, Kong X S, et al. Identifying the relationship between urban land expansion and human activities in the Yangtze River Economic Belt, China. Applied Geography, 2018 (94): 163 - 177.

[173] Liu, H. M. Comprehensive carrying capacity of the urban agglomeration in the Yangtze River Delta, China. Habitat Int, 2012, 36 (4): 462 - 470.

[174] Liu, R. Z., Borthwick, A. G. L. Measurement and assessment of carrying capacity of the environment in Ningbo, China. Journal of Environmental Management, 2011, 92 (8): 2047 - 2053.

[175] Liu, R. Z., Lan, D. D., Borthwick, A. G. L. Zoning Abrupt Environmental Pollution Risk in a Mega - city. Procedia Environmental Sciences, 2010 (2): 1022 - 1031.

[176] Luo J, Xing X, Wu Y, et al. Spatio - temporal analysis on built - up land expansion and population growth in the Yangtze River Delta Region, China: From a coordination perspective. Applied Geography, 2018 (96): 98 - 108.

[177] Luo X, Shen J. A study on inter – city cooperation in the Yangtze river delta region, China. Habitat International, 2009, 33 (1): 1 – 62.

[178] Maingi J K, Mukeka J M, Kyale D M, et al. Spatiotemporal patterns of elephant poaching in south – eastern Kenya. Wildlife Research, 2012, 39 (3): 234 – 249.

[179] Miao, Y. X., Mulla, DJ, Robert PC. Spatial variability of soil properties, corn quality and yield in two Illinois, USA fields: implications for precision corn management. Precision Agriculture, 2006 (7): 520.

[180] NOAA. Report to Congress on National Coastal Management Performance Measurement System, 2004: 41.

[181] Odum, H. T. Ecological and general systems: An introduction to systems ecology. Niwot: University Press of Colorado, 1994.

[182] Oh, K., Jeong, Y., Lee, D., Lee, W., &Choi, H. Determining development density using the urban carrying capacity assessment system. Landscape and Urban Planning, 2005, 73 (1): 1 – 15.

[183] Onishi, T. A capacity approach for sustainable urban development: an empirical study. Regional Studies, 1994, 28 (1): 39 – 51.

[184] Panpan Ma, Guanqiong Ye, Xin Peng, et al. Development of an index system for evaluation of ecological carrying capacity of marine ecosystems. Ocean & Costal Management, 2017 (144): 23 – 30.

[185] Pearce, D. W., Warford, J. J. World without End: Economics, Environment, and Sustainable Development. Oxford University Press, Oxford, UK, 1993.

[186] Qian N. Missing Women and the Price of Tea in China: The Effect of Sex – Specific Earnings on Sex Imbalance. China Labor Economics, 2008, 123 (3): 1251 – 1285.

[187] Retzer, V., & Reudenbach, C. Modelling the carrying capacity and coexistence of pika and livestock in the mountain steppe of the South Gobi, Mongolia. Ecological Modelling, 2005, 189 (1 – 2): 89 – 104.

[188] Rice, J. Environment health indication. Ocean Coast. Manag, 2003,

46 (3 -4): 235 -259.

[189] Robert, Costanza. Economic Growth, Carrying Capacity, and the Environment, Ecol. Econ, 1995 (15): 89 -90.

[190] Saaty T L. The Analytic Hierarchy Process: Planning, Priority Setting, Resource Allocation. New York: McGraw - Hill, 1980.

[191] Sarma, A. K., Mahanta, C., Bhattacharya, R., Dutta, S., Kartha, S., Kumar, B., et al. Urban carrying capacity: Concept and calculation (p. 23) (Guwahati, Assam, India), 2012.

[192] Sayre, N. F. Carrying Capacity: Genesis, History and Conceptual Flaws. Working paper, 2007.

[193] Shao L. Z., MatthiasEhrgott. Discrete representation of non - dominated sets in multi - objective linear programming. European Journal of Operational Research, 2016 (255): 687 -698.

[194] Shi X. Selection of bandwidth type and adjustment side in kernel density estimation over inhomogeneous backgrounds, International Journal of Geographical Information Science, 2010, 24 (5): 643 -660.

[195] Shi, C., Hutchinson, S. M., Xu, S. Evaluation of coastal zone sustainability: an integrated approach applied in shanghai municipality and Chong Ming Island. Environ. Manag, 2004, 71 (4): 335 -344.

[196] Shi, Y. S., Wang, H. F., Yin, C. Y. Evaluation method of urban land population carrying capacity based on GIS - A case of Shanghai, China. Conputers Environ. Urban Syst, 2013 (39): 27 -38.

[197] Shu H, Xiong P P. Reallocation planning of urban industrial land for structure optimization and emission reduction: A practical analysis of urban agglomeration in China's Yangtze River Delta. Land Use Policy, 2019 (81): 604 -623.

[198] Silverman, B. W. Density estimation for statistics and data analysis. Vol. 26. CRC press, 1986.

[199] Singh, R. K., Mutry, H. R., Gupta, S. K., Dikshit, A. K. Development of composite sustainability performance index for steel industry. Ecological Indicator, 2007, 7 (3): 565 -588.

[200] Singh, R. K., Mutry, H. R., Gupta, S. K., et al. An overview of sustainability assessment methodologies. Ecological Indicators, 2009 (9): 189 –212.

[201] Steve Egger. Determining a sustainable city model. Environmental Modeling & Software, 2006 (21): 1235 – 1246.

[202] Sun D Q, Zhang J X, Hu Y, et al. Spatial analysis of China's eco – environmental quality: 1990 – 2010. Journal of Geographical Sciences, 2013, 23 (4): 695 – 709.

[203] Sun X, Liu X, Li F, et al. Comprehensive evaluation of different scale cities' sustainable development for economy, society, and ecological infrastructure in China. J. Clean Prod, 2015.

[204] Sun, C. W., Chen, L. T., Tian, Y. Study on the urban state carrying capacity for unbalanced sustainable development regions: Evidence from the Yangtze River Economic Belt. Ecological Indicators, 2018 (89): 150 – 158.

[205] Tian L, Wang H H, Chen Y. Spatial externalities in China regional economic growth. China Econ. Rev, 2010, 21 (3): S20 – S31.

[206] Tian, Y., Sun, C. W. A spatial differentiation study on comprehensive carrying capacity of the urban agglomeration in the Yangtze River Economic Belt. Regional Science and Urban Economics, 2018 (68): 11 –22.

[207] Tovo A, Formentin M, Favretti M, et al. Application of optimal data – based binning method to spatial analysis of ecological datasets. Spatial Statistics, 2016 (16): 137 –151.

[208] Wang L. High – speed rail services development and regional accessibility restructuring in megaregions: A case of the Yangtze River Delta, China. Transport Policy, 2018 (72): 34 –44.

[209] Wang R, Cheng J, Zhu Y, et al. Research on diversity of mineral resources carrying capacity in Chinese mining cities. Resources Policy, 2016 (47): 108 – 114.

[210] Wang R, Cheng J H, Zhu Y L, et al. Evaluation on the coupling coordination of resources and environment carrying capacity in Chinese mining economic zones. Resources Policy, 2017 (53): 20 –25.

[211] Wang, T. X. , Xu, S. G. Dynamic successive assessment method of water environment carrying capacity and its application. Ecological Indicator, 2015 (52): 134 - 146.

[212] WCED. Our Common Future: The World Commission on Environment and Development, Oxford. UK: Oxford University Press, 1987.

[213] Wei C, Guo Z Y, Wu J P, et al. Constructing an assessment indices system to analyze integrated regional carrying capacity in the coastal zones - A case in Nantong. Ocean & Coastal Management, 2014 (93): 51 - 59.

[214] Wei, Y. G. , Huang, C. , L, J. , & Xie, L. , L. An evaluation model for urban carrying capacity: A case study of China's mega - cities. Habitat International, 2016 (53): 87 - 96.

[215] Wei, Y. G. , Huang, C. , Lam, P. T. L, & Yuan, Z. Y. Sustainable urban development: a review on urban carrying capacity assessment. Habitat International, 2015 (46), 64 - 71.

[216] Williams R S. A modern earth narrative: what will be the fate of the biosphere? Technology in Society, 2000, 22 (3): 303 - 339.

[217] Wu C, Wei Y D, Huang X, et al. Economic transition, spatial development and urban land use efficiency in the Yangtze River Delta, China. Habitat International, 2017 (63): 67 - 78.

[218] Wu H I, Chakraborty A, Li B L, et al. Formulating variable carrying capacity by exploring a resource dynamics - based feedback mechanism underlying the population growth models. Ecological Complexity, 2009, 6 (4): 403 - 412.

[219] Xiao Y, Wu X Z, Wang L, et al. Optimal farmland conversion in China under double restraints of economic growth and resource protection. J. Clean Prod, 2017 (142): 524 - 537.

[220] Xie Z, Yan J. Kernel density estimation of traffic accidents in a network space. Computers, Environment and Urban Systems, 2008, 35 (5): 396 - 406.

[221] Xu X, Yang G S, Tan Y. Identifying ecological red lines in China's Yangtze River Economic Belt: A regional approach. Ecological Indicators, 2019

(96): 635 - 646.

[222] Xu X, Yang G, Tan Y, et al. Ecosystem services trade - offs and determinants in China's Yangtze River Economic Belt from 2000 to 2015. Science of The Total Environment, 2018 (634): 1601 - 1614.

[223] Xu, X. L., Xu, X. F., Chen, Q., Che, Y. The research on generalized regional "resource curse" in China's new normal stage. Resources Policy, 2016 (49): 12 - 19.

[224] Yang Z Y, Song J X, Cheng D D, et al. Comprehensive evaluation and scenario simulation for the water resources carrying capacity in Xi'an city, China. Journal of Environmental Management, 2019 (230): 221 - 233.

[225] Ye C H, Sun C W, Litai Chen. New evidence for the impact of financial agglomeration on urbanization from a spatial econometrics analysis. Journal of Cleaner Production, 2018 (200): 65 - 73.

[226] YISHAO, Shi, Hefeng W, et al. Evaluation method of urban land population carrying capacity based on GIS - A case of Shanghai, China. Computers Environment & Urban Systems, 2013, 39 (3): 27 - 38.

[227] You, W. B., et al. Geographical information system - based forest fire risk assessment integrating national forest inventory data and analysis of its spatiotemporal variability. Ecological Indicator, 2017 (77): 176 - 184.

[228] Yu, D. L., Mao, H. Y. Regional carrying capacity: case studies of Bohai Rim area. Journal of Geographical Sciences, 2002, 12 (2): 177 - 185.

[229] Zhang M, Liu Y, Wu J, et al. Index system of urban resource and environment carrying capacity based on ecological civilization. Environmental Impact Assessment Review, 2018 (68): 90 - 97.

[230] Zhang M., Song, Y., Li, P., Li, H. N. Study on affecting factors of residential energy consumption in urban and rural Jiangsu. Renewable and Sustainable Energy Reviews, 2016 (53): 330 - 337.

[231] Zhang X, Li H. Urban resilience and urban sustainability: What we know and what do not know? Cities, 2018 (72): 141 - 148.

[232] Zhang Y, Chen M, Zhou W, et al. Evaluating Beijing's human car-

rying capacity from the perspective of water resource constraints. Journal of Environmental Sciences, 2010, 22 (8): 1297 - 1304.

[233] Zhang, M., Dai, S., Song, Y. Decomposition analysis of energy - related CO2 emissions in South Africa. Journal of Energy in Southern Africa, 2015, 26 (1): 67 - 73.

[234] Zhao J C, Ji G X, Yuan Tian, et al. Environmental vulnerability assessment for mainland China based on entropy method. Ecologica Indicators, 2018 (91): 410 - 422.

[235] Zheng, Y. T., Chen, T., Cai, J. M., & Liu, S. G. Regional concentration and region - based urban transition: China's mega - urban region formation in the 1990s. Urban Geography, 2009, 30 (3): 312 - 333.

[236] Zhou W, Jiao M, Yu W, et al. Urban sprawl in a megaregion: A multiple spatial and temporal perspective. Ecol. Indic, 2017.

[237] Zhou Y, Zhou J. Urban atmospheric environmental capacity and atmospheric environmental carrying capacity constrained by GDP - PM2. 5. Ecological Indicators, 2017 (73): 637 - 652.